ちくま新書

組織論の名著30

高尾義明
Takao Yoshiaki

1831

組織論の名著30【目次】

はじめに

学問を定義するには二つの方法があるといわれる。一つは、核となる概念や方法の特徴に注目するものであり、もう一つは扱っている対象に注目するものである。組織論は、後者の典型といえる。すなわち、組織論とは社会に存在する組織を研究対象とした知識の体系である。

そのため、組織論という学問は学際的な性格をもっている。これまで社会学、心理学、経済学といったさまざまな学問分野（ディシプリン）で組織を対象とする研究がなされており、それらが組織論に含まれるためである。

とはいえ、企業を中心的な研究対象とする経営学において組織論は著しく発展してきた（筆者がそれを専門としているためにそう見えることもあるが）。したがって、本書でも企業組織を対象とした書籍が多く取り上げられるが、そこから得られる知見の多くは、行政組織やいわゆるＮＰＯ（非営利組織）など幅広い組織に適用可能である。

組織論の歴史はさほど長くはない。組織をどのように定義するかによって変わってくるものの、有史以前から組織は存在していた。また、日本や世界の歴史で語られているように、さまざまな政治的・軍事的組織が大きな影響力をもっていた。しかし、組織に焦点を当てて体系的に論じられるということは近代に入るまではほとんどなされてこなかった。また、組織の特徴も近代（現代）になって大きく変化している。

組織に焦点を当てた議論は事実上、二〇世紀になってから始まった。それは、組織というものが社会において大きな存在感を示すようになってきたためである。その背景の一つとして、アメリカを中心としたビッグビジネス（大企業）の登場が挙げられる。企業が大規模化することによって、組織をどのように編成し、マネジメントするかに関心が向けられるようになった。もう一つは、行政官僚制に典型的に見られるような組織の合理化の進展である。もちろん、こちらにも組織の大規模化が関わっている。こうした背景から社会における組織のプレゼンスが高まるとともに、特定の領域の組織のみを対象とするのではなく、組織一般を論じる組織論が次第に形成されてきた。

そうした成り立ちを踏まえて、どのような書籍を取り上げるか検討した結果、本書の「名著30」には次のような三種類のものを含めることとした。第一に、第1章の最初に取り上げるバーナード『経営者の役割』のような、現在においてそれを丁寧に読み込むことで組織に関する多くの洞察が得られるような真の名著である。第二に、組織論における重要な論点を提示した研究者の著書である（たとえば、セルズニック『組織とリーダーシップ』）。第三に、沼上『組織デザイン』のように、蓄積が多い研究領域の概観に役立つものである。

以下では、本書の構成について簡単に紹介しておこう。第1章では、組織論の古典を取り上げている。古典が何を指すかについてさまざまな考え方がありうるが、ここでは現在の組織論の直接的な源流といえる四つの著作を紹介する。第2章では、それらの古典が登場する社会背景としての、組織のプレゼンスの拡大をめぐる書籍を取り上げる。

第3章から第5章は、組織に対する多面的なアプローチを紹介する。第3章は組織を合理的に作り上げることに関する議論を取り上げる。こうした議論は、組織論の王道といえる。しかし、組織を合理的に設計しようとしても、組織は設計通りになるとは限らず、設計には含まれていないものも組織には必ず含まれている。そうした創発的側面に光を当てようとした著作が第4章で取り上げられる。

いうまでもなく、組織には人が関わり、人が組織を動かす。したがって、組織をより細かく見ていけば、人への注目が不可欠である。そうしたミクロ的な視点からの組織へのアプローチを第5章では取り上げる。

第6章と第7章は、応用編といえる。第6章では、組織論の知見を現実に当てはめようとした日本人研究者たちの著作を三点取り上げる。終章となる第7章は、近年の組織が直面する大きな課題である組織の変革やイノベーションの創出に関わる著作を紹介する。

全体の章構成はおおむね出版時期に沿ったものになっており、各章のなかでの並べ方も、多少の例外はあるものの同様である。第1章から順に読み進められることを想定して執筆したが、読者の関心に沿って書籍のタイトルなどを手がかりに拾い読みしていってもよいだろう。本書に触れることで、多くの方々が組織に関する知に触れ、それを組織の現場で活かしていただければ、執筆者としてはそれにまさる喜びはない。

第1章

組織論の古典

第1章では、現在の組織研究（組織論）の礎を築いた四冊を取り上げる。これらの著作は、現在の組織論の枠組みを大きく規定したといっても過言ではないことから、まずそれらを古典として取り上げることにした。

実務家（経営者）であるバーナードは、自らが体得している「組織感」を伝えるべく、当時の最先端の学術研究であったシステム論を取り入れ、『経営者の役割』を執筆した。同書に大きな影響を受けたサイモンは、認知心理学の知見を導入し、「合理性の限界」を鍵概念として組織を捉える枠組みを『経営行動』で示した。それに続くマーチとの共著である『オーガニゼーションズ』では、『経営行動』で示した枠組みをベースとしながら、さまざまな領域でバラバラに検討されていた組織に関する諸研究を統合しようとした。こうした一連の流れを踏まえ、経済学との接合を図るべく企業に特化した考察を展開したのがサイアート&マーチの『企業の行動理論』である。

1　チェスター・バーナード『経営者の役割』
――組織論ここに始まる

（原著刊行　一九三八年）

†バーナード革命

最初に四番打者が登場する感じだが（なお、最近のメジャーリーグでは一番に最強打者を置くことも多くなっているようだ）、本書は組織について深く考えたいすべての人々にとっての必読書である。本書が組織論という学問領域の確立を可能にし、組織論が経営学の中核に位置づけられるようになる出発点となった。このようなインパクトの大きさから、「バーナード革命」と呼ぶ人もいるくらいである。

本書の直接的な影響としてまず挙げられるのは、次項で取り上げる『経営行動』（⇩2）の著者であるハーバート・A・サイモンに対するものである。サイモンは自伝の中で本書『経営者の役割』から大きな影響を受けたことを詳しく紹介している（『学者人生のモデル』

岩波書店、一九九八年）。また、サイモンが『経営行動』の初版を出版した際に草稿をバーナードに送り、受け取ったコメントを踏まえて修正を行ったとされている。また、同書が書評で好意的な評価を受けたのは、バーナードの序文によるものだったとも自伝に記している。

バーナードがサイモンに与えた影響は、サイモンが築き上げたカーネギー学派（⇩4）にも脈々と受け継がれた。また、カーネギー学派の第二世代と言われるオリバー・E・ウィリアムソン（⇩12）は、『経営者の役割』出版五〇周年記念の連続講演セミナーの内容をまとめた書籍の編者を務め（『現代組織論とバーナード』文眞堂、一九九七年）、そこでもバーナードが組織論にもたらした影響の大きさを紹介している。

†経営者バーナード

このように組織論に大きなインパクトをもたらしたチェスター・I・バーナードは、研究者ではなかった。バーナード自身、「本書の実体は個人的体験と観察とそれに対する長い間の思索から生まれたものである」と日本語版へ寄せた序文で記している。

彼はハーバード大学を中退してアメリカ電話電信会社（AT&T）に入社し、四一歳からニュージャージー・ベル電話会社の社長を二一年間務めた（一九二七年〜一九四八年）。

本書出版もその在任期間中である。彼は、同社以外にもさまざまな非営利組織や公共組織に深く関わっており、その経験が本書の内容にも反映されている。したがって、本書の内容を現実の組織に当てはめようとするときに、企業組織のみならず非営利組織や公共組織にも適用してみるとよいだろう。

本書は、一九三七年に行われたハーバード大学ローウェル研究所の公開講座での講義の原稿に加筆・改訂し、翌年に出版された。公開講座の依頼が一九三七年の春だったことや、経営者としての業務を遂行していた頃であったことを踏まえると、短期間で執筆されたと推察されている。

†組織の存続——有効性と能率

それまでの経営実践を通じて体得していた「組織感」(sense of organization)を伝えるには既存の組織研究が使い物にならないと考えたバーナードは、ハーバード大学の研究者との交流や広範な読書から知りえたシステム論を援用しつつ、それまでとはまったく異なる新たな組織論を構築した。

その全体像を限られた紙幅で紹介することは不可能であるため、ここでは組織の存続に関わる有効性と能率の維持、そして組織の成立条件に絞って説明しよう。

人間が一人でできることには制約や限界がある。そこで、複数の人たちが協働し、そこに目的が生まれる。なお、協働そのものの目的は、個人が組織に参加する目的とはたいていの場合一致しない。

その協働目的の達成の程度を示すのが有効性という概念である。協働目的が達成される見込みがまったくない、すなわち有効性が低い状態が続くようだと、組織は存続しえないだろう。有効性の程度は、協働がどのようになされるかに大きく依存するが、その点については組織の成立条件と関係づけながら、のちほど言及する。

同時に、それに貢献する人たちが協働に参加し続けるには、彼らが協働を通じて何らかの満足を得る必要がある。いいかえれば、参加の動機が満たされる必要があり、その程度が能率である。能率という言葉の一般的な用法と異なっているため、注意が必要である。

この点については、企業（とりわけ大企業）における労働者を思い浮かべれば考えやすい。企業が目的として掲げた顧客価値の創造や利益の獲得が達成されたとしても（有効性が高いとしても）、その達成に貢献した労働が十分に報われなければ、その後の貢献が尻すぼみになったり、最終的に離職してしまったりするだろう。その結果、組織の存続は危ぶまれることになる。

労働者の場合には経済的報酬に関する満足がまず問題とされるが、それだけではなく自分の働きが周りから認められたといった、非経済的な要因がもたらす満足を提供することも不可欠であることを、バーナードは強調している。なお、バーナードは、組織の目的達成に貢献する参加者を労働者や経営管理者に限定せず幅広く捉えているが、その点についてはサイアート＆マーチの項（⇒4）で組織均衡論として紹介する。

このように有効性と能率をともに維持することが組織の存続に関わるが、いうまでもなくそれらの両立は簡単ではない。

†組織の成立条件

次に組織の成立条件を紹介しよう。組織の成立条件として挙げられるのは、共通目的、協働意欲、コミュニケーションである。

先にみたように、協働には個人の参加動機と異なる目的があり、その達成が目指される場合に組織が成立しているといえる。もちろん、そのためには、協働しようとする意欲をもった人々が存在していなければならないが、それぞれの働きを調整することで実際に組織を成り立たしめるのがコミュニケーションである。

これらの三つを、環境に適合するように確保するのが「経営者の役割」であり、一文にまとめると、「第一にコミュニケーション・システムを提供し、第二に不可欠な努力の確保を促進し、第三に目的を定式化し、規定することである」（本書、二二七ページ。ただし「コミュニケーション・システム」は「伝達体系」と訳されている）。

以上の説明のみだと抽象的なので、コミュニケーションに主に焦点を当てて説明を補足することにしよう。コミュニケーションに焦点を当てるのは、組織の理論をつきつめると、コミュニケーションが中心的な位置を占めることになると、バーナードが述べているからである。

コミュニケーション・システムとは沼上の項（⇩9）で取り上げるいわゆる組織構造だが、それは目的の細分化と対応している。もっともバーナードは組織構造に過度の注意が払われていると警告し、実務的には組織構造とセットで考えざるを得ない人事の問題や、非公式な管理によって「目にあまる政治的派閥を最小限にくいとめ」ること、「多数の公式命令を出さないようにする」ことなどについても経営者のなすべきことに挙げている。

また、具体的な指示を出すといったコミュニケーションの受容に関して、権威が上から下に下降するという一般的に信じられている考え方を上位権威という一種のフィクションであるとして、権威の受容という新たな考え方を示している。

筆者（高尾）の大学での経営組織論の講義では、組織の成立条件を最初の授業で解説するが、さらに講義の最終回でもこの成立条件に必ず立ち戻るようにしている。そして、将来、組織において問題に直面したときにこの三つに立ち戻って考えれば、何らかの方策が見つかるはずだというメッセージを学生に伝えている。

†何度でも読み返す価値がある一冊

本書の内容を紹介したある文献には、本書を読むたびに新しい発見があると書かれていたが、その点について筆者も大いに同意する。組織論の世界に入ってから何度も本書を通読してきたが、今回改めて手に取り、いくつもの発見があった。ここでは二つだけ紹介しておこう。

一つは、第4章で取り上げるワイク（⇩17）に通じるような目的と環境認識のダイナミズムについての記述である。たとえば、「目的はそれ以外の環境の部分になんらかの意味を与えるために必須のものであることを注意しなければならない。環境は理解されうるためには、**ある**見地から観察されねばならない」（本書、二〇四ページ）といった記述にみられる。以前に読んだときにこの箇所には下線を引いていたのだが、ワイクの議論との連続性については迂闊《うかつ》なことに今回の通読で気づいた。

もう一つは、ここでの紹介では十分扱えなかったリーダーシップに関してである。バーナードが道徳的リーダーシップの重要性を力説していたことはよく知られているが、「リーダーシップとか道徳的要素とかが、組織における唯一の重要な、意味のある一般的な要因であると想定することは、ちょうどリーダーシップがなくても協働の構造と過程だけで十分であると考えるのと同じように誤りである」（第十七章、本書二七〇ページ）とも述べていたことには今回改めて気づき、その背後にバーナードの経営者としての経験の重みを感じた。

筆者のように何度も読み返していても、毎回新たな気づきがある本書は、最初に述べた通り、組織について考察を深めたい方にぜひ挑戦していただきたい一冊である。容易に読み進められないかもしれないが、いたずらに難解ではない。

最後に、本書に挑戦してみようと思われた読者に二つのアドバイスを提供したい。第一は、本文より前に置かれているいくつかの序文は、最初に読まなくてもよいということである。最後まで読了してから戻ってみると、それらの序文で書かれていることをつかみやすくなるだろう。

もう一つのアドバイスは、まずは細かいことにあまり拘泥せず、とにかく読み進めることである。概念の定義にこだわりすぎるより、バーナードが伝えたかった、実務の内省を通じた「組織感」を読み取ろうとするほうがより多くの示唆を得られるだろう。

Chester I. Barnard, *The Functions of the Executive*, Harvard University Press, 1938.
『新訳　経営者の役割（経営名著シリーズ2）』山本安次郎・田杉競・飯野春樹訳、ダイヤモンド社、一九六八年。

2　ハーバート・サイモン『経営行動』
――合理性の限界と組織

（原著刊行　一九四七年*）

†AIによる要約

最近、「知の巨人」という言葉をよく見かけるようになった。実際には「知の巨人」と呼ぶにふさわしい人物はめったにいないが、本書の著者であるハーバート・A・サイモンは間違いなくその一人である。

サイモンの最初の専攻は政治学だったが、組織論の名著である本書『経営行動』を著した後、カーネギー工科大学（現在のカーネギー・メロン大学）で経営学の教授として迎えられた。その後、同大学で（認知）心理学やコンピュータ科学で教鞭をとった。

近年、生成型ＡＩの登場によってＡＩへの注目が集まっているが、サイモンはそのＡＩの生みの親の一人でもある。ＡＩ（Artificial Intelligence）という概念が初めて公式に用いられた一九五六年のダートマス会議の参加者の一人でもあり、一九七五年にはＡＩへの貢献からチューリング賞を受賞している。

サイモンは二〇〇一年に亡くなっているが、存命であればきっと生成型ＡＩを試したことだろう。そこで、生成型ＡＩの一つであるChatGPTに本書『経営行動』を要約するように指示してみた。

英語圏でよく知られている内容であれば、プロンプト（指示）は英語で行うほうが回答の水準が高くなると言われているため、英語でプロンプトを入力した。具体的には、本書の内容を一〇〇ワード程度でまとめるように指示し、その出力結果を翻訳したものが以下である。

ハーバート・サイモンの『経営行動』は、組織内の意思決定に関する我々の理解に革命をもたらした。サイモンは「制約された合理性」という概念を導入し、限られた情報と認知能力に制約された個人は、しばしば「満足のいく」意思決定、つまり最適な意思決定ではなく、十分な意思決定を行うと主張した。サイモンは、こうした意思決定を導く上で、規則や階層といった組織構造の重要性を強調した。また、古典的な管理理論が人間の複雑な行動を無視していると批判し、コミュニケーション、権限、組織目標がいかに意思決定を形づくるかを強調した。本書は、組織が継続的に適応し、学習する必要性を強調し、組織運営における人間の要素を考慮している。

天国のサイモンがこの要約（の原文）を見てどう評価するかわからないが、本書を丁寧に読んだ要約とは言いがたい。たとえば、「制約された合理性」も（満足化原理と呼ばれる）「満足のいく」意思決定も、サイモンの研究を説明する際によく用いられる重要な概念であるものの、本書の本文には登場しない（コメンタリーを除く）。

このように二〇二四年夏時点では、人が本書を要約する意義はありそうである。そこで、本書でのサイモンの主張の中核を、第5章「経営決定の心理学」に焦点を絞って示してみたい。

†決定への注目

本書の大きな特徴は、行動に先だつ選択もしくは決定を分析単位に取り上げたことであり、それによってサイモンの議論の前提である「制約された合理性」、もしくは「合理性の限界」が明確に記述できるようになっている。

まず、ここでいう決定に含められる範囲が幅広いことを確認しておこう。一般的に（意思）決定という言葉を用いる場合には、熟考の結果や意識的な選択という意味合いがあることが少なくない。しかし、サイモンが対象としている決定には、そうした意味合いは必ずしも含まれない。経営者が熟慮を重ねて事業構造の再構築を決めることはもちろん決定だが、サービスの現場で顧客の来訪に気づいたらお決まりの挨拶をするといった習慣的な行動に近いものも決定に含まれる。

これらの例からわかる通り、組織ではそこに参加するすべての人たちが多種多様な決定を絶えず行っている。後述するように、それらの決定の統合を図ることが重要である。

†合理性の限界

一般に、決定は合理的であることが期待される。しかし、精緻に考えるとそれは実現不可能であるようにも思える。サイモンは、客観的な合理性が確保されているといえるのは、決定の前に代替的選択肢をすべて概観し、それらの選択肢一つ一つについてそれを採用した場合に生じる結果をあらゆる観点から考慮したうえで、それらすべての選択肢から一つを選び出す価値基準（体系）を有している場合だとする。

しかし、われわれ人間の決定においては、客観的な合理性にどのくらい接近しているかについての程度の差こそあれ、それらの条件を理想的に満たすことはありえない。なぜなら、ある選択肢を採用した場合の結果についての知識は断片的かつ不完全であり、それらの結果を一貫して判断できるような価値基準も持ち合わせていないからである。そもそも、私たちはありうべき代替的選択肢のうちごくわずかしか思い浮かべることができない。

たとえば、異動に伴って引っ越しが必要となり、新しい住居を決める場合のことを想像してみるとよいだろう。検討対象となりうる物件をすべて把握することはできず、いくつかの候補物件だけに絞ったとしても、それらを的確に評価する知識をもっておらず（たとえば、隣人がどんな人かまではわからない）、また包括的に評価する基準を事前に確立できないことも多い（物件を見て回っているなかで近くにおしゃれなカフェがあることが決め手になったりする）。このように、われわれ人間は合理的であろうとするものの、その合理性は制約されている。

†決定環境の構築としての組織

さらに、サイモンは、人間が実際に行う選択は、上記のような代替案の列挙から始まる熟慮型よりも、何らかの刺激に対して反応するというパターンに近いことがほとんどであると指摘する。

刺激に反応する選択が多くを占めているとすれば、少しでも合理的の高い選択を追求することに対していっそう悲観的になってしまいそうなものだが、サイモンはむしろそこに可能性を見いだす。すなわち、何らかの刺激に注意が向けられることで決定過程が始まるのであれば、そうした刺激が生じる環境を適切に構築することによって、目的達成に向けた決定の統合が図れると考えるのである。

サイモンは、そのための計画立案として、目的の設定やそれを達成するための一般的な方法といった「実体的計画立案」と、そうした計画に適合した決定が生じるように注意を向けさせ、必要な情報や知識が伝達されるメカニズムを確立する「手続的計画立案」を区別している。そして後者の観点から、分業、マニュアルのような標準的な業務手続き、階層に基づく権限と公式的コミュニケーション、非公式なコミュニケーションやメンバーの訓練などを決定への影響メカニズムとして捉え直している。したがって、「手続的計画立案」とは、組織内の参加者の決定過程を統合するための組織づくりを行うことである。

組織とはこのようにして行動を統合するメカニズムであり、それゆえに、以下の引用のように、組織によって相対的に高い合理性に接近できるとサイモンは主張する。

われわれが組織と呼んでいる行動のパターンは、いかなる意味においても人間の合理性の達成の土台となるものである。合理的な個人とは、組織され制度化された個人であり、またそうでなければならない（本書、一七〇ページ）。

以上が本書の中核である第5章の内容だが、第5章以降の展開を簡単に紹介しておこう。第6章では、そもそも個人がなぜ組織に参加し、組織の影響を受容するのかという問いに答えるべく、バーナード（⇩1）の議論を引き継いで組織均衡論が紹介される（組織均衡論については、サイアート&マーチ（⇩4）で改めて取り上げる）。ついで、第7章以降では、組織が個人の決定に影響を与える方法が各論的に取り上げられる。それらは、外的な刺激を規定するものとしての権限とコミュニケーションや、そうした刺激を受容し、決定に統合するのに内的に関わるものとしての能率の基準と一体化（忠誠心）である。

サイモンは一九七八年にノーベル経済学賞を受賞しているが、その受賞理由として経済組織内における意思決定過程に関する先駆的研究を行ったことが挙げられている。先に述べた、合理性の限界下での決定の統合という観点を念頭に置きつつ、本書の第6章以降を丁寧に読むことによって理論的・実践的な気づきを得ることができるだろう。

†本書翻訳の思い出

本書を紹介する際に第5章に焦点を当てたのは、それが本書における最も重要な章であるからだけでなく、もう一つ理由がある。現在手に入る本書の日本語版は原著第四版の翻訳であり、筆者（高尾）も同書の翻訳チームの一員として参加したのだが、その際に第4項および本項で詳しく紹介した第5章を担当したからである。

研究者にとって翻訳とは労多く、得るものが少ない仕事である。時間を要するわりには研究業績として評価されることはない。また、翻訳は正しくて当然とみなされ、誤りがあればAmazonのレビュー欄などで批判を受ける。そうした大変さがあるにもかかわらず、本書の翻訳が完遂し、世に出たのは第二版および第三版の翻訳者の一人であった二村敏子《ふたむらとしこ》先生が最終版である第四版の翻訳に強い意欲をお持ちだったからである。私の翻訳作業が特段遅れたわけではないが、進捗について時折お電話をいただいたことが懐かしく思い出される。

Herbert A. Simon, *Administrative Behavior: A Study of Decision-Making Processes in Administrative Organization*, Macmillan, 1947.
『【新版】経営行動』二村敏子・桑田耕太郎・高尾義明・西脇暢子・高柳美香訳、ダイヤモンド社、二〇〇九年（一九九七年刊行の原著第四版の邦訳）。

＊ 未公開の一九四五年版が存在している。

3 ジェームズ・マーチ&ハーバート・サイモン『オーガニゼーションズ』

――組織研究の統合プログラム

（原著刊行 一九五八年）

†気の重い名著

本書『オーガニゼーションズ』は、誰が選者を務めたとしても組織論の代表的名著に含められる一冊だが、正直なところ、本項を執筆するために読み返すのが気の重い数冊の一つであった。

改めて読み返そうとして、本書を一人で読了したことがなかったことに気づいた。これまでに、二度精読したことがあるが、その一回目は、大学院生時代に先輩や後輩と一緒に輪読会をしたときだった。今でもそのときのレジュメ（要約）を保存しており、それを眺めてみるとどこまで読み込めていたかははなはだ怪しいが、とりあえず名著をコンプリートしたという達成感は得られた。

二回目は現在の大学で初めて大学院生を指導するようになった頃、大学院の授業の講読文献に指定し、指導教員という立場で読んだ。このときも、第一回同様、故土屋守章氏による旧訳を読んだ。当時、サイモンの『経営行動』の翻訳プロジェクトに関わっていたこともあり（⇓2）、前回よりもずいぶんと理解が深まった実感はあった。

それでもよくわからないところが少なからず残っていた。私の理解力や前提知識の不足もさることながら、翻訳にも問題があったようである。それは、高橋伸夫がマニアックなまでに情熱を注いだ画期的新訳が出て改めてわかったことである。

それでもやはり本書を一人で通読する気になれず、本項執筆のために、また他者を巻き込むことにした。勤務先のビジネススクールの学生に呼びかけて、オンライン輪読会を何度か行い、執筆が可能になった。読者にとっては蛇足になるが、今回の執筆のために実施した輪読会のメンバー、さらに過去二回に一緒に苦しみながら読んだメンバーに感謝したい。

†壮大な試み——命題コレクションかつ理論書

本書の訳者あとがきで「少なくとも日本語を解する人々からは、もはや『オーガニゼーションズ』を難解な本などとは評されたくない」と高橋伸夫は述べているが、やはり本書は難解な本である。それは翻訳の問題ではなく、本書が当時の組織研究を統合しようという壮大かつ意欲的な試みであったことに由来する。

その試みには、少なくとも三つのチャレンジが含まれている。第一のチャレンジは、当時の組織研究の統合である。その頃は組織論が一つの学問領域として確立しておらず、経営学、社会学、社会心理学、政治学、経済学などのさまざまな領域でバラバラに研究がなされていた。それらを集約し、三つの人間行動のモデルという観点でもって集約・統合を図ろうとしたのである。

ここでいう三つの人間行動のモデルとは、組織メンバーを受動的器械として捉えるモデル、組織メンバーが組織に態度、価値、目的を持ち込むとするモデル、組織メンバーを合理性が制約された意思決定者・問題解決者とするモデルである。最初の二つは、科学的管理法（⇒7）や人間関係論（⇒13）といった、本書に先行する研究を整理するためのモデルであり、サイモンやマーチは、第三のモデルに依拠して論を展開している。しかし、第三のモデルが前の二つのモデルに取って代わるのではなく、三つのモデルそれぞれが人間の特定の側面に焦点を当てたものと位置づけられている。

第二のチャレンジは、そうした統合を図るとともに、組織「科学」の成立に向けて組織に関する知見を経験的に検証可能な命題として記述しようとしたことである。サイモンの自伝『学者人生のモデル』によると、執筆の少し前にフォード財団から依頼を受けて、組織に関する命題目録をつくっていたようであり、それを反映しているのであろう。ちなみに、巻末には通常の索引に加えて、変数の索引もある。

第三のチャレンジは、この後紹介するように、サイモン『経営行動』(⇒2)によって提示された合理性の限界を前提とし、人間の認知に着目した組織論の展開を図ったことである。

これら三つのチャレンジは本文では不可分になっており、そのことが読み手のハードルを高めている。本書の最初の読み方としては、膨大な数の命題をすべて丁寧に咀嚼《そしやく》しようとせずに、先ほどの人間行動のモデルの、意思決定者・問題解決者の側面を取り上げた箇所に焦点を当てて読むことをお勧めしたい。そのうえで全体を再読すると本書の意義をより精確に捉えられるだろう。

†満足基準の意思決定とプログラム

『経営行動』でサイモンは合理性の限界を指摘し、すべての選択肢を探索して、そこから最善のものを採用するという意思決定のあり方が現実的ではないことを示していた。本書ではそうした最適基準による選択ができることを仮定する「経済人」に対して、一定の水準を満たす選択ができればよいという満足基準の意思決定を行う「経営人」もしくは「管理人《かんりじん》」(administrative man)という人間のモデルを提示している。

さらに、合理性の限界ゆえに現実を単純化(モデル化)せざるを得ず、また選択肢の探索には認知的なコストがかかることから、多くの意思決定では、探索や選択過程が圧縮されたプログラムが想起され、活用されていると主張する。

プログラムという言葉は現在ではコンピュータ・プログラムを指すことが多いが、ここでは「以前、同種の刺激があったとき、適切な反応として開発、学習されたもの」である。プログラムの卑近な例としては、何らかの刺激(たとえば、顧客からの問い合わせ)に対して、それに呼応する内容をマニュアルから読み取って行動することなどを想起すればよい。なお、プログラムは、マニュアルのような明文化されたものに従う行動に限定されず、必ずしも自分自身では意識していない慣行や習慣なども含まれる。

ちなみに、サイモンはチューリング賞を一九七五年に共同受賞したニューウェルらとコンピュータによる問題解決の研究を本書執筆より前に行っており、コンピュータのプログラムについても例示されている。だが、ここでいうプログラムはそれに限定されない広範な概念であり、その内容次第ではあるが、相当程度の自由裁量が含まれていることも少なくない。

こうしたプログラムのレパートリーを組織が持ち、状況に適合したプログラムをレパートリーから選ぶ手続きが確立されていれば、組織は短期的な適応を達成できる。

†プログラムの革新としての学習

しかし、長期的に見れば、組織が既存のプログラムのレパートリーの切り替えや少々の手直しだけで対応できない事態に直面することが生じるだろう。したがって、次に問題になるのは、組織がプログラムのレパートリーに新たなものを加えたり、レパートリー中のプログラムを修正する過程を持てるかどうかである。それが組織が長期的適応を達成できるかどうかのカギとなることから、本書の最終章では、プログラムの創始や革新といった学習が取り上げられている。

創始や革新は、利用してきたプログラムの実行がそれまで満たしてきた基準を満たさないことで生じる。なぜなら、満足基準の意思決定では、満足できる水準に達していれば新たな代替案の選択が行われないからである。従来からの営業のやり方（既存のプログラム）を多少調整してもこれまでのような受注高（要求水準）を維持できない、といった外的なショックに直面してはじめて、組織は新たなプログラムの探索や開発に乗り出す。もっとも、要求水準と達成水準の乖離《かいり》が大きすぎると絶望してしまうことから、両者の乖離というストレスが高すぎずかつ低すぎないときに革新が最も活発になるとされている。

革新を制度化するヒントも示されている。一つは、満足の基準を変化率で示すことであり、もう一つは研究開発部門などで新プログラムの導入率を基準にすることである。前者は、前年比一〇パーセント増といったような目標設定であり、実際にしばしば用いられている。後者は、新製品が売上に占める比率を目標にすることなどと類似している。

この他にも、組織のたいていの革新は発明よりも借用の結果であるとして、革新率や革新のタイプが組織のコミュニケーション構造に依存するという指摘や、高度にプログラム化されているタスクが、新たなプログラムの創始を駆逐するというある種の「グレシャムの法則」についての指摘など、組織の革新を考えるためのアイデアがこれでもかというくらい詰め込まれている。

『オーガニゼーションズ』の本文の最後は、「組織という舞台装置における人間の心と行動の理解。そこに空想に代えて事実を据える仕事に加わるよう他の人々を促すことになれば、これらの章を書いた労力は償われて余りある」という一文で閉じられている（訳出の関係で二文になっているが、原文では一文）。ここでいう「これらの章」とは、先に述べた組織の短期的適応及び長期的適応を扱った部分である。

それらを主題として扱う組織学習論（⇩4、27）は多くの研究者を惹きつけ、今では組織論の主要な柱の一つとなっている。たとえば、第7章で取り上げる『両利きの経営』（⇓30）における最重要キーワードである「深耕」と「探索」は、本書の第一著者であるマーチが後年提唱した概念であり、本書の内容の延長線上にあるといってよい。このように、近年のイノベーションと組織をめぐる議論にも本書の知的伝統は受け継がれており、彼らの労力は大いに償われたといってよいのではないだろうか。

James G. March and Herbert A. Simon, *Organizations*, John Wiley and Sons, Inc., 1958.
『オーガニゼーションズ 第2版（現代組織論の原典）』高橋伸夫訳、ダイヤモンド社、二〇一四年（一九九三年刊行の原著第二版の邦訳）。

4 リチャード・サイアート&ジェームズ・マーチ『企業の行動理論』

――たくさんの小さなアイデア

（原著刊行 一九六三年）

†日本におけるプレゼンスの低さ

『経営行動』（⇓2）の著者であるハーバート・サイモンは、一九四九年にカーネギー工科大学（現在のカーネギー・メロン大学）のGSIA（産業経営大学院）に着任し、合理性の限界を踏まえた問題解決や意思決定を取り上げる研究拠点を形成した。そこに集った人々（やその研究成果）はカーネギー学派と呼ばれたが、『オーガニゼーションズ』（⇓3）に並び、リチャード・サイアートとジェームズ・マーチが著した本書『企業の行動理論』もその重要な研究成果である。

例えば、研究のインパクトを示すとされる被引用数についても、本書は『オーガニゼーションズ』や『経営行動』と肩を並べている。また、同書出版四〇周年を記念した特集企画が学術誌で編まれたり（*Organization Science*, 18-2, 2007)、五〇周年を記念した学会のシンポジウムが開催され、その記録が学術誌に掲載されている（*Journal of Management Inquiry*, 24-3, 2015）など、組織・経営研究に大きな影響を与えた名著という評価を受けている。

本書に対するこうした評価を紹介したのは、日本における同書への注目が、同じ流れを汲む『オーガニゼーションズ』や『経営行動』と比べると必ずしも高いとはいえないからである。その原因の一つとして訳書が絶版になってしまったことが挙げられるが、それだけではないとも思われる。

本書はタイトルの通り企業に焦点を当て、経済学に対して行動科学に立脚した企業の理論を提示することを目的としている。さらに、その理論を通じて企業の意思決定、とりわけ経済的意思決定を解明しようという狙いがあり、それは『経営行動』や『オーガニゼーションズ』には見られないものである。

一方、日本の組織論の学界では、経済学とはやや距離を置いて、抽象度の高い理論研究が盛んに行われていた時期があり、その頃に組織の一般理論を志向する名著（『経営行動』や『オーガニゼーションズ』、さらにその源流であるバーナードの『経営者の役割』）の影に隠れてしまい、本書のプレゼンスが低くなったのかもしれない。筆者（高尾）は本書初版の邦訳が刊行された年の生まれなので、あくまで推測でしかないが。

†本書の狙いと構成

本書は、「本書は、企業ならびに企業が経済上の決定を行なう方法について述べたものである」という一文から始まり、同じ段落の中で、経済に関する意思決定をよりよく理解するためには、市場要因の研究（伝統的な経済学の仮定）に企業内部のオペレーションの検討を組み込むべきであると述べられている。

そのように彼らが主張したのは、当時の主流派経済学における企業（家）の役割や意思決定の扱いが問題だと考えたためである。需要に的確に反応し、生産量や価格といった供給に関わる意思決定を企業家が単独で行えるかのような、いいかえれば企業家が完全な合理性を備えているような仮定が置かれていた。

もちろん、市場メカニズムをモデル化しようとすれば大胆な抽象化を行わざるを得ないものの、ドラッカー（⇩8）やチャンドラー（⇩10）が取り上げるような大規模企業の登場が、本書で提示される、大規模化・複合化した企業組織を想定した企業の理論の必要性を促した。

本書の第二版（未邦訳）に付け加えられたエピローグでは、本書のコアとなるアイデアとして、制約された合理性、不完全な環境適合、解決されないコンフリクトの三つを挙げている。それらのアイデアを組み込むために本書は、目標を立て、それに適合する選択肢を探し、それらを評価して選択をするという意思決定の枠組みに対応した三つの理論（組織の目標理論、組織の期待理論、組織の選択理論）を検討し、そこから「コンフリクトの準解決」、「不確実性の回避」、「問題解決志向の探索」、および「組織学習」という関係概念を提示している。なお、組織の期待理論とは、選択肢をどのように探索し、評価するかを扱うものである。

†連合体としての組織

意思決定の基点ともいえる目標を検討する際、本書では企業組織を参加者の連合体と捉えている。それを理解するには、バーナードに始まり、サイモンも継承した組織均衡という考え方を参照する必要がある（図4-1参照）。

組織が存続するには、参加者が組織に提供する貢献に見合った誘因を、組織が参加者に対して提供できていなければならないというのが組織均衡論の基本的な考え方である。従業員が、組織に提供する努力や時間（貢献）に見合う賃金などの報酬（誘因）を得られなければ、従業員はいずれ組織を退出することになるだろう。

企業組織の参加者といえば、従業員や経営者のことを思い浮かべるのが一般的だが、組織均衡論では、株主や債権者、さらには顧客やサプライヤーなども組織の参加者と捉える。なぜならば、それらの参加者が提供する貢献（株主なら資本、サプライヤーなら原材料等）があってはじめて企業活動が成り立つからである。そして、それらの参加者それぞれに対して貢献に見合う誘因を提供しなければ、貢献が提供されなくなり、その企業は存続しえなくなる。したがって、さまざまな参加者からの貢献を有効に活用し、利害が異なる参加者それぞれに対して誘因を提供できるよう、価値創出を図ることが組織の存続に向けて経営者がなすべきことである。

ここまでが組織均衡論の概要だが、そうしたさまざまな目的や利害をもつ参加者からなる一つの連合体として企業組織を捉えることができると、サイアート＆マーチは主張する。経営者が完全な合理性を有していれば、すべての参加者の要求を満たすことを可能とする統一的な目的を設定し、それを追求することによって組織が存続できるかもしれない。だが、実際には合理性の制約によって、さまざまな参加者が持ち込む要求や利害が組織の目標に反映される。そのため、企業の目的とはコンフリクトを孕《はら》んだ複数の目的の集合であり、ある時点でどの目的が重視されるのかはバーゲニング（交渉）過程に依存している。このように、矛盾しうる複数の目的があることでコンフリクトの種は絶えず組織に内在し

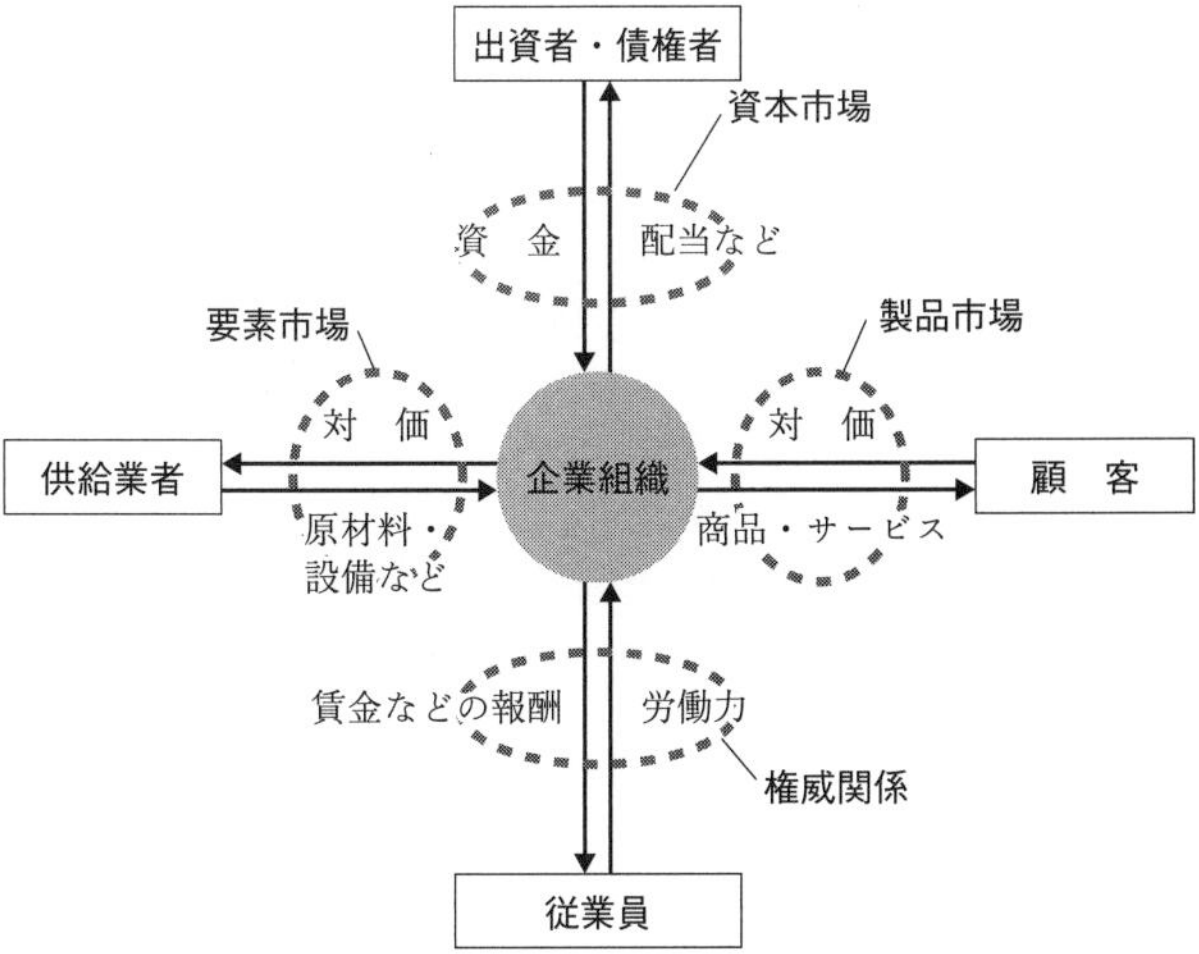

図 4-1　組織均衡のモデル

ているが、その抜本的解決を目指すというよりも、それが深刻なものにならない程度にその都度解決が図られることが多い。これが「コンフリクトの準解決」と呼ばれている。

そうした準解決を行いやすいかどうかは、組織スラックの大きさに左右される。スラックの語義は緩みであり、組織スラックとは組織が日々の事業運営に必要とされる以上に保有する資源である。そうした余剰資源があれば、揉め事が生じにくくなることは直感的に理解できるだろう。

また、目標がどのような水準で追求されるか（希求水準）も、あらゆる情報を網羅したうえで決定されるのではなく、過去の希求水準やその達成度合い、他社の動向などから学習するものとして描写されている。

†不確実性の回避と探索を通じた学習

サイアート＆マーチは、合理性の限界を前提として、コンフリクトを孕んだ目標を追求する過程で生じるさまざまな問題に対してなんとか対応策を見つけることを通じて組織が学習するというモデルを提示した。いいかえれば、不確実な環境を見通せる企業家が、誰も合意できる統一的な目標を立案し、その実現に向けて先取り的に問題解決を図るといった、企業家が完全な合理性を備えているかのような仮定からの離脱を図った。

先に挙げた「不確実性の回避」に関しては、目標を追求する際に直面する不確実性を正面から受け止めて長期的に予測し、先取り的に対処しようとするといったことはほとんど行われていないとした。むしろ、不確実性への直面を回避し、その場その場での短期的な問題解決とそれに対するフィードバックに積極的に反応することで短期的な適応を繰り返していることが強調されている。

「問題解決志向の探索」とは、問題の発生が刺激になってはじめて、その解決に向けた探索がなされることを指す。いいかえれば、目標達成に向けて事前に問題を定義し、それを解決するという、いわばトップダウン的な探索から始まるわけではないことを意味している。また、その探索についても、因果関係を単純に捉えたモデルに基づき、これまでの解決策に類似したやり方でまず始められ、それでもうまくいかない場合にようやく探索の範囲を拡げたり、探索を複雑化させると考えられている。

このように、実際に生じた問題を解決した経験を通じて組織が環境適応を図っていくというのが、本書でいう「組織学習」である。組織が学習するという考え方自体は『オーガニゼーションズ』でも言及されていたが、本書においては組織学習が重要な概念として明確に提示されている。組織は、環境のどこに注意を払うのか、問題が生じた際にどのように探索するかを学習するだけでなく、先に言及したように目標の希求水準についても経験から学習し、適応を図っていくと考えられている。

†たくさんの小さなアイデアの大きなインパクト

経営戦略論を開拓した一人であるアンゾフは、本書が出版された頃にカーネギー工科大学に所属していたが、戦略的な問題よりも業務的な問題に限定されていると本書の議論を批判した。戦略的な問題の検討はもちろん重要だが、戦略的意思決定は本書で主に扱っているような業務的意思決定の集積に大きく依存している。また、戦略的意思決定と業務的意思決定が同型であることも少なくない。たとえば、組織スラックを用いてコンフリクトをとりあえず解決しようとすること、長期的な不確実性よりも短期のフィードバックへの対応を重視すること、問題が生じてから探索を始めることなどは、戦略的な意思決定を行う場においても当てはまることは少なくないのではないだろうか。

組織の一般理論を志向する見地からいえば、それまでのカーネギー学派の成果からの大きな飛躍は本書には見られなかったといえるのかもしれない。しかし、本書には企業組織やそこでの意思決定を丁寧に解き明かすために有用なアイデアが随所に盛り込まれている。本書出版五〇周年を記念した学会のシンポジウムの記録では、本書には多くの小さなアイデアが含まれており、それらの追求や活用が積み重なって大きな学術的インパクトを与えたと述べられているが、まさに妥当な評価であるように思われる。

Richard M. Cyert and James G. March, *A Behavioral Theory of the Firm*, Prentice-Hall, 1963.
『企業の行動理論』松田武彦監訳、井上恒夫訳、ダイヤモンド社、一九六七年。

第2章 近代と組織

第1章では組織論の古典を取り上げたが、そうした古典が一九三〇年代以降に登場した背景には、社会において組織やそのマネジメントがそれ以前よりも大きなインパクトをもつようになったことがある。そこで第2章では、そうした社会の変化と関連づけながら、われわれが当たり前だと考えている現代（近代）の組織がいかに形成されてきたかを四冊の著作の紹介を通じて検討する。

まず、社会学の泰斗であるウェーバーの『支配について』を取り上げ、近代の組織を捉える鍵概念である官僚制を検討する。官僚制といった、近代的な組織がいかに成り立ちえたのかを議論したのが佐藤俊樹『近代・組織・資本主義』である。

組織の社会的インパクトが大きくなったことには、企業組織の発展が大きく関わっている。そこで、経営学の父とも呼ばれるテイラーの『科学的管理法』を紹介し、その影響を確認するとともに、ドラッカーが『企業とは何か』で着目したような、米国を中心としたビッグビジネス（大企業）の興隆とそれによって生じた組織の責任についても取り上げる。

5 マックス・ウェーバー『支配について』
――組織論のもう一つの源流としての官僚制論

（原著刊行 一九二二年）

†出発点としてのウェーバーの官僚制論

ウェーバーの官僚制論がなければ、組織論は現在成立しているものと著しく異なったものになっただろう。そう言ってよいくらいウェーバーの官僚制論はその後の組織論を大きく左右した。しかし、ウェーバーが官僚制を論じたのは、組織論の展開を目指すためではなかった。

社会学の巨人であるウェーバーにとっての主要な問題関心はヨーロッパ近代社会の成立の解明にあった。官僚制は合法的支配が浸透する近代社会の成立を論じるうえで欠かせないピースであり、それゆえに官僚制そのものは他の支配の類型（伝統的支配／カリスマ的支配）との対比において論じられることが多かった。

その点を確認するために、本書『支配について』の概要と構成を紹介しておくことにしよう。本書はウェーバーの没後に刊行された『経済と社会』初版の第三部に収録されている支配についてのテキスト群を翻訳したものである。その章構成を確認すると、「支配」「官僚制」「家産制」「封建制」「カリスマ」「カリスマの組み替え」「カリスマの維持（および規律）」「国家と教権制」となっている（付録は省略）。紙幅としても「官僚制」について扱われているのは、全体の四分の一にも満たない。

とはいえ、その官僚制論には多くの論点が含まれており、この紙幅に収まるようにそれを要約しても読者にとっては消化不良を感じるだけだろう。そこで、ウェーバーの官僚制論がその後の組織論にどのようなインパクトをもたらしたかを紹介することに主眼を置き、それに必要な範囲のみ官僚制論を取り上げることにしよう。したがって、以下で紹介するのは、ウェーバー社会学における官僚制論のごく一部であり、いいかえれば、組織論で受容された官僚制組織のモデルである。

†官僚制という組織モデル

ウェーバーの官僚制論の冒頭では官僚制の特徴が紹介されているが、それをまとめると以下のようになる。

①規則によって役職の権限が明確に定められ、その範囲内で職務が遂行される
②明確に秩序づけられた役職の階層構造が形成されている
③専門的な訓練を受けた専任の職員によって職務が遂行される
④職務遂行と担当者個人の人格や活動が分離され、財産や職務遂行手段が組織に帰属する
⑤記録が残る文書を用いて職務が遂行される

一般的な用法では、官僚制は政府や地方自治体といった行政組織に固有のものとされることも多い。確かに上記の五つの特徴は行政組織に典型的に見いだされるものの、程度の差はあれ、企業をはじめとする現代のほとんどの組織にも当てはまっている。それなりの規模の組織であれば、役職のヒエラルキーがない、権限が規則で定められていない、記録に残らない対面会話のみで調整が行われ、組織の財産と個人の財産が明確に分離されていない、といったことはほぼないだろう。

また、官僚制という言葉が非効率の代名詞のように用いられることも多いが、ウェーバーは官僚制を精密機械に喩えていたように、官僚制は大規模化・複雑化した組織の合理的

運営に資する機構と捉えられている。思考実験として、現在所属している組織において上記の特徴がどれか一つだけでも完全に欠落してしまったらどんな混乱が生じるか想像してみればよいだろう。

ウェーバーは組織を機械に喩えたが、組織の語源をたどれば機械に喩えられたことは納得できる。英語では組織はorganizationだが、そのもとになっているorganはギリシャ語にさかのぼれば道具という意味であった（他には楽器という意味もある。organには器官という意味もあるが、それはどちらかといえば後に生じたようである）。組織には何らかの目的があり、それを達成するための道具であるとみれば、組織を機械に喩えるのはごく自然なことといえる。

†意図せざる結果としての逆機能

上記のような官僚制という組織モデルをウェーバーが提示したことは、その後の組織論の展開に大きな影響を及ぼし、その影響は現在に至るまで続いている。それが典型的に見いだせる三つの主要トピックを取り上げよう。

最初に取り上げるのは、いわゆる官僚制の逆機能論である。ここでいう逆機能とは適応や調整を阻害する結果であり、適応と調整を促進する結果である（「逆」がつかない）機能と対置される。官僚制に当てはめれば、大規模化・複雑化した組織の効率的運営が意図された機能であり、逆機能とはその構築によって変化への適応や調整が阻害されていることを指す。

一九四〇年代にウェーバーの官僚制論が所収された『経済と社会』がパーソンズらによって英訳されるが、その少し前に米国の社会学者ロバート・マートン（ちなみに一九九七年にノーベル経済学賞を受賞したロバート・マートンは彼の息子である）が、「官僚制とパーソナリティ」という論文を発表した。そこでマートンは、官僚制における規則の遵守によって行動の信頼性が高まる一方で、その構成員が自己防衛のために規則遵守しようとする同調過剰や、規則遵守が目的化する目標の転移が生じ、それが融通の利かない杓子定規な対応といった訓練された無能力を生じさせる可能性を指摘した。なお、同論文では、官僚制の逆機能という言葉は用いられていなかったが、一九四九年に出版された『社会理論と社会構造』への転載時に改訂され、官僚制の逆機能という見出しが加えられている。

その後、マートンの薫陶を受けたグールドナーやブラウなどによって、官僚制の意図せざる結果に関する事例研究が行われた。そこでは、官僚制を静的なものと捉えず、個人や集団との相互作用によって動的な側面をもっていることが示されている。

たとえば、グールドナーが調査した石膏《せっこう》会社の事業所における悪循環の事例は以下のようなものである。業績回復のために新たに本社から送り込まれた所長は、規則の適用が緩いそれまでの温容的な管理を変革すべく、規則の厳格な適用を始めた。それは能率の向上を目指したものだったが、多くの従業員や組合の抵抗や緊張を招いた。その対処のためにさらに規則の追加や整備が行われたことにより、従業員側の仕事に対する無関心やモチベーションの低下が生じ、かえって業績が悪化した。

このように官僚制を職務遂行だけではなく、働く人や集団を含む自然発生的な社会システムとの関係から捉える分析がなされた。分析結果がすべて逆機能を示すものばかりではないにもかかわらずしばしば官僚制の逆機能論と呼ばれるのは、それが官僚制に対する世間一般のネガティブな見方を支持するものだったからだろう。

†官僚制を基礎とした組織構造研究

官僚制の特徴がより反映されやすい行政機関であったとしても、先の特徴のみによって構築され、運営されている組織は現実に存在しない。ウェーバーの官僚制論は一種のモデル(ウェーバーの言葉でいえば理念型)であり、現実の組織において官僚制の諸特徴がどの程度採用されているかはバラつきがある。

そこで、官僚制の特徴を踏まえて、さまざまな組織の構造を測定・比較しようという研究がなされた。ここでいう組織の構造とは、いわゆる組織図も含みつつ、組織にみられる活動の安定的・持続的なパターンを総称したものである（⇓9）。

組織構造を最も精緻に測定しようとしたアストン・グループの研究では、組織構造は専門化、標準化、形式化、集権化、形態特性などの次元で測定されている。そこでは、専門化、標準化、形式化が活動の構造化とまとめられ、それが集権化と負の関係（活動の構造化が進んでいるほど集権化の程度が低い）を示すといった、官僚制の多次元性を示唆する分析結果が得られている。さらに、そうした構造と組織コンテクスト（組織規模や用いられている技術など）の関係についても検討がなされている。

こうした組織構造の比較研究が進展するなかで、ローレンス＆ローシュによって提唱されたのがコンティンジェンシー理論である（日本では条件適応理論または状況適合理論と訳出されてきた）。異なる環境には異なる組織構造が適合するというのがその中心的な主張である。もう少し具体的に言えば、官僚制の特徴を忠実に反映した機械的組織は不確実性が低い環境下で適合的であるのに対して、不確実性が高い環境では規則に基づく権限や役割に拘泥せず、横のネットワークなども活用して柔軟な調整を行う有機的組織が適合的であるという見方を提唱した。

機械的組織と有機的組織の類型やそれらの環境との適合性についての見方は実証研究に

根ざしたものだが、それを現実に当てはめる際には注意が必要である。過去よりも現在、そして未来のほうが環境の不確実性が高まっている（高まっていく）ことを前提とすれば、機械的組織、すなわち官僚制は環境に適合しない組織のあり方だという解釈が成り立つ。しかし、先に挙げた官僚制の特徴をまったく備えず大規模組織を運営することは現実的とはいえないことから、機械的組織と有機的組織を単純に対置して論じることが有効かどうかよく見極める必要があるだろう。

†合理的な神話としての官僚制

官僚制の逆機能論やコンティンジェンシー理論を素直に受け取れば、硬直な対応を引き起こす官僚制では、流動的な環境変化への適応に問題があることから、官僚制はもはや古びた機械であるかのように思われがちである。しかし、現実の組織を見てみれば、多少の例外はあれど、官僚制からの脱却が本格的に進んでいるようには思えない。

そこで、「なぜ官僚制は普及し、存続しているのだろうか？」という問いを立て、それにユニークな回答を示したのが一九八〇年頃から勃興した新制度派組織論である。新制度派組織論は、ウェーバーの議論に立ち戻りつつも、官僚制のような公式的な構造が活動の調整や管理において合理的かどうかにかかわらず、それを備えていることが当然であるとみなされているがゆえに、「合理的な神話」としてそれが維持されているという主張を展開した。この議論については、「旧」制度派組織論に位置づけられている第4章のセルズニックの項（⇩14）で改めて取り上げることにしたい。

以上の三つのトピックの紹介からもわかるように官僚制をめぐるさまざまな議論が展開されながら、組織論が構築されてきた。したがって、社会一般の用法と異なる、組織論における官僚制の捉え方を把握しておくことは、組織論、さらには現実の組織の理解に役立つだろう。

Max Weber, *Wirtschaft und Gesellschaft*, J.C.B. Mohr, 1922.
『支配について（Ⅰ・Ⅱ）』野口雅弘訳、岩波文庫、二〇二三―二四年（『経済と社会』の部分訳）。

6 佐藤俊樹『近代・組織・資本主義』
——近代と組織の不可分性

（原著刊行 一九九三年）

†組織の時代としての近（現）代

大学での経営組織論の初回の授業の冒頭に、現代は「組織の時代」だから組織について学ぶ必要があるという話をしている。そうすると、現代（近代）以前からも組織はあったのではないかという質問が出る。目立つことをできるだけ避けようとするのが今の学生気質なので、もちろん手を挙げて質問するわけではない。他の学生に誰が出したかわからないようにオンラインのフォームに質問を書くように促すと、毎年こうした質問が出てくる。

確かに、世界史や日本史の教科書では大規模な統治機構（組織）が近代以前から存在していたことが書かれている。さらにいえば協同して働くのが組織であるという見方に立てば、先史時代においても組織が成り立っていた。それでは、なぜ現代（近代）を組織の時代と呼びうるのだろうか。

アメリカの著名な経済学者ケネス・E・ボールディングが執筆した『組織革命』では、経済的組織を中心とする組織の数・規模・パワーの著しい増加が一九世紀後半から二〇世紀前半に生じたことに着目し、これを組織革命と称している。そうした、いうなれば量的な面から現代が「組織の時代」であると主張することにはそれなりの説得力があるが、本書『近代・組織・資本主義』は量的な拡大の背後にある質的な変化を捉えようとしている。著者の言葉を借りれば、近代以前と近代では、組織に関する意味論的形式が変化したとされている。ここでいう意味論的形式の変化とは、組織とはどういうものである（べき）かについての人々や社会の見方が変わったというくらいに捉えておけばよいだろう。では、その変化とはどのようなものだったのだろうか。

†近代組織の特徴

前項で取り上げたウェーバー（⇩5）は、近（現）代の組織とそれ以前の組織で断絶があることを指摘しており、その議論を敷衍《ふえん》すると近代組織の要件は次の三点にまとめられる（本書、一八〇ページ）。

(1)組織によって制定された規則にしたがって運営されている(こと)
(2)組織と組織に参加しているすべての個人とが原理的に分離されている(こと)
(3)組織固有の効率性基準によって、組織のパフォーマンスが評価・管理される(こと)

これらはウェーバーの項で紹介した官僚制の諸原則を踏まえつつ、さらに抽象化された合理的組織の要件である。もちろん、これらの要件や以下の議論は理念型(モデル)なので、そこから逸脱する事例はごく当たり前に存在しているものの、社会的に影響力をもつ組織はそのような要件を満たすべきもの(意味論的形式)と考えられている。

逆にこうした要件を満たしていない組織を考えてみよう。そうした組織においては、特別な個人(やその家族など)が存在し、その個人の利害に基づいて組織が運営される。その個人は、規則に縛られず、個人的な利害や選好に基づいて組織の方針を決め、組織のパフォーマンスの評価もその個人の観点で評価される。近代以前にも大規模な統治機構は存在したが、それらは国王や皇帝やその一族の利害が直接的に組織に浸透しており、組織と特定の個人の分離はなされていなかった。現代でも家族企業であれば、経営者の個人的な好みに従って売れそうにないものを大量に仕入れたり、ある事業が高い収益をあげることが期待できても、個人的にやりたくないと思えばその事業に力を入れないことにしても何も問題はない。

それに対して、現代の大規模企業（特に上場企業）では、そのようなことは制度的には許されない。創業経営者であっても、経営トップとしての行動と個人としての行動は制度上分離される。実際には経営者の個人的な利害や選好が組織に反映されることは往々にしてあるが、それが組織の利益（たとえば企業価値の増大）に適っていることを主張したり、組織の規則に抵触していないことを示せることが求められる。たとえば、経営者にストックオプションを付与することが増えているのは、経営者の利害と組織の利害が異なっていることが前提になっているからである。

†プロテスタンティズムの倫理による個人と組織の分離

このような組織と個人の分離は、本書によれば近代以前は当たり前ではなかった。そうした組織の意味論的形式の変化は、近代資本主義の成立に大きく関わっており、それがいかに西欧近代で生じたのかを、有名なウェーバーの『プロテスタンティズムの倫理と資本主義の精神』（以下では『倫理』と略記）の捉え直しによって明らかにしようとしたのが、本書の第一章である。

以下でその概要を説明する前に、『倫理』の通俗的な理解を確認しておこう。プロテスタンティズムの独特の教理から、その信徒たちは、神から「選ばれた者」であるという「救いの確信」を得たいがために、神から課された「天職（ベルーフ）」に禁欲的かつ勤勉に励み、そうした合理的な生活態度が意図せずして資本主義の精神、さらには近代資本主義を生み出すことに貢献した、というものである。

それに対して、本書ではウェーバーによる両者（プロテスタンティズムの倫理と資本主義の精神）の親和性に関する直観を評価しつつも、プロテスタンティズム独特の禁欲の概念とそこから生じる経営体と個人の合理性の分離が近代組織、さらにはそれに基づいた近代資本主義を生み出す原動力になったと主張する。

たとえば、本書では、ウェーバーの『倫理』からプロテスタンティズムの倫理のもとでの経営についての描写についての以下の箇所が引用されている（本書、四四ページ）。

> 人間は神の恩恵によって与えられた財貨の管理者にすぎず、……委託された一ペーニヒにいたるまで報告しなければならず、その一部を、神の栄光のためでなく、自分の享楽のために支出するなどは、少なくともいかがわしいことであった。……人間は彼の委託された財産に対して義務を負っており、管理する僕、いやまさしく「営利機

械」としてそれにしたがわなければならない……。財産が大きければ大きいほど、……神の栄光のためそれを損なうことなく維持し、休みない労働によって増加しなければならないという責任感もますます重くなる。

われわれにとってはある種の異様さを感じさせる記述だが、プロテスタンティズムの倫理のもとでは、自分の欲望充足という個人の合理性と経営体の合理性が明確に分離されるべきと考えられていたことが端的に見てとれる。

もっとも、長期的な視野に立って両者の合理性をいったん分離し、経営体の合理性を重視することは、西欧近代に限らず、ごく当たり前になされてきた。この点については、日本近世の商家経営の事例などを挙げながら本書でも紹介されている。すなわち、自分自身の将来や子孫のために今は欲望の追求を我慢し、経営体の合理性に従うことを重視するというものである。

とはいえ、家政に見られるそうした穏当な合理性の暫定的分離と、上記のプロテスタンティズムにおける分離は異なっている。プロテスタンティズムにおける禁欲は、未来に先送りするといった欲望の抑制ではなく、文字通りの欲望の禁止であり、それゆえ両者の分離は、引用文中にあるようにいわば義務であった。個人の日常的な経済的行為は欲望の充足のためであってはならず、神の栄光の顕現のためになされるべきであり、神の委託財産の最大限の増殖に向けて資本計算原理という経営体の合理性が追求されなければならない。

先に挙げたような家政の場合には、組織の合理性と個人の合理性とを一時的に分離しても、長期的に見ればそれは個人の合理性の追求につながる。しかし、両者の連結が禁止されているプロテスタンティズムにおいて、その分離が成り立ちえたのは、以下に述べるように個人の合理性が二重化されたものとされるからであり、そこにプロテスタンティズムにおける原罪が関わっている。

プロテスタンティズムにおける原罪論では、個人の欲望をほどほどの水準で抑制されるものではなく「無軌道な本能的享楽」とみなすがゆえに、そうした欲求を抑制する自由意思の存在が想定されることになった。すなわち、個人の欲求は無際限であり消去不能だが、それを自由意思によって抑制することから、経営体の合理性のみに追求するように個人が行為できるという形式をとった。個人の無限の欲望という合理性の水準に加え、救済を希求するがゆえに、そうした欲望を抑制する合理性の水準が存在するという二段構えの合理性を暗に想定することで、経営体の合理性の追求が可能になったのである。

それは、個人としての利害を持ちつつ、自由意思でもって組織への参加（もしくは離脱）を選択し、参加を選択している以上は組織の合理性に従うという現代の組織と個人の関係のいわば原型になった。さらに、神の委託財産の最大限の増殖という経営体の合理性の追求は、脱人格化された独自の原理で運動する資本という経済現象を生むことにつながったと考えられている。

上記のような意味論的形式の変化に注目し、プロテスタンティズムの倫理が近代組織の原型を生み出したというのが、本書第一章の主要な主張である。

†探求は続く

第Ⅰ部「近代の「起源」へ」は三章構成になっており、第二章では北アメリカのニューイングランドのピューリタンたちの社会において、最初の近代社会が最初の近代組織(会社法人)としていわば同時に誕生したという議論が展開されており、それが近代的な企業社会の成立につながったことが主張されている。第三章では、自由な個人が社会を構成するというフィクションと、社会学におけるホッブズ問題(自由な個人がいかに社会秩序を構築しうるかという問題)との関係が議論されている。続く本書の第Ⅱ部「日本的近代の地平」(第四章〜第六章および終章)では、第Ⅰ部で取り上げられた西欧近代を中心とする近代のダイナミズムのなかに日本がどのような形で巻き込まれ、それが日本近代社会にどのような独自の運動性をあたえてきたかが探求されている。

本書は、われわれが当然と見なしている現代（近代）組織がどういう特徴をもつのかを、その起源を辿ることを通じて改めて明らかにしたという意味で組織論の名著と呼びうるだろう（本書は、組織学会高宮賞を一九九五年に受賞している）。

先に紹介した本書第一章ではウェーバーの『倫理』の捉え直しがなされていたが、佐藤俊樹による『倫理』をめぐる知的格闘はその後も続いている。本書出版から三〇年後の二〇二三年には『社会学の新地平——ウェーバーからルーマンへ』（岩波新書）を著した。

そこでは、近代資本主義の決定的な特徴を「自由な労働の合理的組織」と捉え、プロテスタンティズムの禁欲倫理とともに、「人に拠らない」法人会社制度という少なくとも二つの原因があることが述べられている。そして、後者の起源について、ウェーバーが、初期の研究である自身の教授資格論文（『中世における商事会社の歴史について』）以来、一四世紀イタリアの工業都市フィレンツェに見いだし、それについて一貫して言及していることなどから、「近代資本主義がプロテスタンティズムの倫理（のみ）から始まった」とウェーバーが考えていたわけではないことも主張されている。

さらに「自由な労働の合理的組織」が水平的な協働と時間的な分業を可能にしたという、資本主義の成立にとっての重要なポイントをウェーバーはつかみきれておらず、そこを的確に捉えたのがルーマンだとして、二人の社会学の巨人が結びつけられている。ウェーバーの『倫理』からルーマンによる決定の自己産出系という組織システム論がつながるというスリリングな同書もぜひ参照されたい。

佐藤俊樹『近代・組織・資本主義――日本と西欧における近代の地平』ミネルヴァ書房、一九九三年。

7 フレデリック・テイラー『科学的管理法』
――組織的怠業と科学的タスク設定

（原著刊行 一九一一年）

†経営学の父としてのテイラー

「組織」と「マネジメント」は不可分といえるが、経営学を体系的に学んだことがある読者を除けば、「マネジメント」といえば後ほど取り上げるピーター・ドラッカー（⇒8）を想起されることが多いかもしれない。「マネジメント」を発明したとも称される彼は著著『マネジメント』のなかで、本書『科学的管理法』の著者であるフレデリック・W・テイラーについて、「有史以降初めて、体系的な観察と研究に値するものとして、仕事に光を当て」た、「労働科学におけるアイザック・ニュートン（あるいはアルキメデス）に相当する人物」であると評している（『マネジメント』Ⅱ、第16章、四六ページ）。

こうした存在であったことから、経営学界隈ではテイラーは経営学の父（の一人）と呼ばれている。もっとも、今日の組織論では、テイラーは必ずしも大きく取り上げられているわけではない。最近の組織論のテキストでテイラーが登場するのは、人間の経済的な側面だけに目を向けた、といった批判的な文脈のみであることも少なくない。

しかし、後述するようなタスク概念や計画と執行の分離など、テイラーは現在の組織マネジメントの前提となっている枠組みに大きな影響を与えている。さらにいえば、テイラーやその後継者たちが生み出した知見が産業社会の発展に対して大きな影響を及ぼし、その結果として組織論の発展を要請する状況が生み出されたともいえる。そこで、経営学の原点の一つである本書を取り上げることにした。

†組織的怠業という問題

テイラーは一八五六年にクエーカー教徒の非常に裕福な家庭に生まれたが、一八歳から見習い工として徒弟修業を始めた。四年間の修業が終わった後、当時の先端企業である製鋼会社（ミッドベール・スチール社）に移り、そこで主任技師まで矢継ぎ早に昇進した。

主任技師となったテイラーは、労働者の怠業、すなわちサボタージュの問題を解決しようとした。当時の工場では労働者の怠業が盛んにみられたが、それは単に楽をしたいからサボるといったものだけでなかった。その背景には工場主と労働者の賃率（アウトプットあたりの単価）をめぐる対立があった。

工場主は、労働者に対して出来高給制を採用し、労働者のアウトプット（生産量や作業量）に比例する賃金を払っていた。出来高給制だと、労働者が熱心に仕事をしたり、熟練が進むことで生産性が向上すれば、労働者の収入は増える。それに対し工場主側は、人件費の負担増を嫌って賃率の切り下げをしばしば行った。その結果、労働者側は賃率の切り下げが生じないよう、結託してアウトプットを一定水準に抑えるという組織的怠業を行っていたのである。

こうした組織的怠業に対して、テイラーは「科学的」な手法を用い、客観的に標準作業量（タスク）を定めることで解決を図ろうとした。テイラーは、優れた労働者による作業の動作を体系的に観察して、最も効率的な動きを特定し（動作研究）、ストップウォッチを使って一つ一つの具体的な動作に要する時間を測定した（時間研究）。また、金属切削の生産性向上のために、さまざまな変数の条件を変更する実験を二〇年以上も繰り返した。これらの内容については本書でもエピソードが紹介されている。たとえば、鉄鉱石などのシャベルすくい作業を研究した結果、すくう対象に応じて規格化したさまざまなサイズのシャベルを準備するようにしたことなども本書で記述されている。テイラーは標準化を発明したわけではないが、この例でもわかるように、プロセス（作業方法）の標準化を積極的に進めた。

このように科学で用いられる方法論を適用し、具体的な作業の手順を積み上げることでタスクを設定すれば、労使の賃率をめぐるコンフリクトが解消され、生産性の向上を図ることができ、労使双方に利するようになる。このように考えたテイラーは工場の管理者として、さらにコンサルタントとしても実践を積み重ねた。

†科学的管理法の原理

そうした実践を踏まえて、テイラーが提唱したのが科学的管理法であり、本書でもその原理として次の四つを挙げている。

①マネジャーが、個々の作業について、従来の経験則に代わる科学的方法を開発すること
②マネジャーが、科学的な観点から人材の選抜、訓練、育成を行うこと
③マネジャーは、現場の仕事すべてが科学的方法の原則を反映してなされるように、労働者と心から協力すること
④現場の労働者よりもマネジャーに適した仕事はすべてマネジャーが引き受けることで、

最前線の働き手に委ねていた仕事と責任を労働者とマネジャーで分け合うこと

最後の④について補足をすると、これはマネジャーが個々の作業のやり方なども含めた計画を担い、現場がその通りに執行（実行）するという計画と執行の分離を宣言したものとみなすことができる。

科学的管理法はそのインパクトゆえに、テイラーの晩年には反対運動が起こり、それへの対応を迫られたが、同時に多くの賛同者も得た。たとえば、人間の作業動作を細かく分類するサーブリッグ分析を考案したギルブレス夫妻や、ガント・チャートでその名を知られるガントなどがその発展に寄与した。

その結果、工場の生産現場を中心にマネジャーが科学的な方法を用いてタスクを決め、それに現場が従うという、計画と執行の分離が製造現場の組織マネジメントの暗黙の前提として定着した。その採用前と比べて生産性の向上は見られたものの、容易に想像されるように、執行のみを求められる労働者の勤労意欲は低下した。その結果、労働者の動機づけが重要な課題と認識されたことで、モチベーションの問題が組織論でクローズアップされるようになった（⇓13、20）。

†自主性の発揮か科学的管理法か

科学的管理法を提唱する際にテイラーが批判の対象としたのが以下のような労働者の自主性を重んじた管理方法だった。

経験豊かなマネジャーほど、仕事のやり方を躊躇なく部下たちに任せ、最も経済的で優れた方法を自由に選ばせている。一人ひとりの働き手が全力を尽くし、持てる知識や技能を総動員し、創意工夫や善意を十分に発揮するよう、お膳立てをするのがマネジャーの仕事だと考えているのだ。一言で言えば、雇用主に最大限の利益をもたらすために、各人の自主性を引き出そうというのだ。つまり、マネジャーの任務とは、一人ひとりの自主性を最大限に発揮させることなのである。(本書、三九ページ)

こうしたマネジメントは科学的管理法登場以前のマネジャーが用いている最善の方法であり、科学的管理法に代替されるべきものとテイラーは位置づけた。しかし、現代のわれわれにとっては、上記の引用文はむしろ望ましいマネジメントスタイルを示しているように思えないだろうか。

そのように思える理由は、少なくとも二つ考えられる。第一に、テイラーが科学的管理法を適用した生産現場においても自主性の発揮が生産性向上につながることが判明しているからである。第二次大戦後の日本の製造業では、QCサークルに代表される小集団活動によって製造現場の労働者が自ら品質管理を行い、それが国際競争力の向上に寄与したとして、「カイゼン」として世界に知られるようになった。QCサークルへの参加が真の意味で自主的なものであるかどうかについては議論の余地があるものの、現場労働者がいかに作業をすべきかについて自ら検討し改善を図ったという意味では、マネジャーのみが生産性向上に効果的な科学知を独占的に持ちうるというテイラーへの反証であり、計画と執行の分離から外れていたといえる。

もう一つの理由として、現代のホワイトカラーを束ねるマネジャーは、部下の自主性を発揮させることに躍起になっているという現状があるためである。ホワイトカラー職種では、定型的な業務の自動化が進んだために、対人的な折衝・調整業務や創造性の発揮が求められる業務などの比重が増した。また、専門化が進展しており、部下の業務遂行方法の詳細をマネジャーが把握できないことも少なくない。このような条件のもとでは、マネジャーが科学的な方法によって部下のタスクを具体的に規定するという科学的管理法の基本原理は適用不可能であり、マネジャーが部下の自主性の最大限の発揮を図ることが主流になっている。
しかし、自主性の発揮を引き出すというマネジメントは、今後も続いていくのだろうか。ペンシルバニア大学教授で人的資源管理や労働経済学の権威であるピーター・キャペリは、「科学的管理法の功罪——従業員はアルゴリズムで管理できるのか」という『ハーバード・ビジネス・レビュー』の記事のなかで、近年のＡＩなどのテクノロジーの発達によって、アルゴリズムによる従業員の管理が進みつつあることを科学的管理法の新バージョンであるかのように描いている。キャペリは両者の組み合わせ、すなわち技術を活用した最適化と従業員の自主性を発揮させるエンパワーメントをどちらも活かすことを提唱しているが、そうしたマネジメントは可能なのだろうか。本書は経営学の古典ではあるが、このようにマネジメントの将来をめぐる思索にも誘うような一冊である。

Frederick Winslow Taylor, *The Principles of Scientific Management*, Harper & Brothers, 1911.
『新訳 科学的管理法』有賀裕子訳、ダイヤモンド社、二〇〇九年。

8 ピーター・ドラッカー『企業とは何か』
――大規模組織のあるべき姿

（原著刊行 一九四六年）

†たかがドラッカー、されどドラッカー

著名な経営学者である入山章栄《いりやまあきえ》のベストセラー『世界の経営学者はいま何を考えているのか』（英治出版、二〇一二年）の冒頭部分に、「アメリカの経営学者はドラッカーを読まない」と書かれていたのは、勉強熱心なビジネスパーソンにとってインパクトがあったようだ。

日本の経営学者はどうなのか聞いて回ったことはないが、以前はドラッカーを読む研究者が多かったものの、最近はかなり減ってきたと想像される。それは入山の上記著作でも述べられている「経営学の科学化」というトレンドが日本の経営学界にも着実に押し寄せているためである（詳しくは同書を参照されたい）。

私自身はまったく違う理由から、ドラッカーの著作については長年つまみ読みする程度にとどまっていた。大学院生の頃に、指導教員である日置弘一郎先生の「たかがドラッカー、されどドラッカー」という論文を斜め読みし、「預言者ドラッカー」「ジャーナリスト・ドラッカー」という表現がなされているのを見て、組織の理論に関心をもっていた自分はドラッカーを読まなくてもよいと早とちりしてしまったからである。

最近になって改めて同論文を読み返してみると、ジャーナリズムと社会科学の知的営為を対比しつつ、ジャーナリストとしての直感的な現象の把握でもって、マネジメントから社会全体を考察しようとする議論がドラッカーによって始められたという結論が示されていた。そこで、ドラッカー自身が、マネジメントについて世界で初めて書かれた著作だと述べている本書『企業とは何か』を取り上げることにした次第である。

†本書の動機と三つの分析視角

一九四二年に出版した二冊目の著書である『産業人の未来』をゼネラル・モーターズ（GM）の幹部が読んだことがきっかけとなり、ドラッカーは、当時世界最大の自動車メーカーであった同社の経営方針や組織について、社外の立場から研究報告するように依頼を受けた。その調査を踏まえて執筆されたのが、一九四六年に上梓された本書『企業とは何か』である。

そうした成り行きから、本書には調査したＧＭのことが多く取り上げられているものの、本書の狙いは以下に述べるような政治学的な動機に基づいている。ドラッカーは、それまでの二冊の著作で全体主義の台頭に対し警鐘を鳴らしてきたが、アメリカにおいて自由企業体制が機能することに、アメリカの安定だけでなく第二次世界大戦後の世界の平和がかかっていると考えた。そのうえで、二〇世紀初頭に生じた大きな変化として大規模事業体、すなわち大企業の興隆に着目し、自由企業体制が機能するために社会の代表的組織となった大企業がいかにあるべきかを本書で考察した。

その考察は、次に述べる三つの側面からなされている。第一に、企業がいかに事業を遂行し、存続するかという側面である。第二の側面は、企業が社会的な信条や約束の実現に貢献しているかというものであり、第三の側面は、企業の利潤追求と社会の安定・存続についてである。これらの三つの側面の分析にＧＭにおける調査が活用されているが、その理由として、ＧＭがアメリカ最大のメーカーであるだけではなく、同社が社会的組織としての現代企業であることを経営政策に最も反映させようとしてきたことを挙げている。

以下では、組織に関わる部分を中心に、それら三つの側面についてのドラッカーの考察を紹介する。

†事業体としての組織――分権制の採用

まず、企業がいかに事業を遂行し、存続するかという第一の側面に対するドラッカーの見解について取り上げよう。社会の一員として企業が成立するためには、事業体として機能する、すなわち利益をあげつつ財・サービスを生み出し、存続していく必要がある。ドラッカーは、近代大量生産の本質は人間組織、すなわち、人と人の関係、および人と工程の関係についての分析と統合にあるとして、企業において最も重要なものは人間組織であると主張した。

そして、企業の存続や成功がリーダーシップ、経営政策、企業活動を評価する客観的な尺度という三つの問題にかかっているとして、それらの問題の解決方法を探るためにGMの組織と経営を取り上げている。

戦時生産期を除くと約二五万人の従業員を擁していた当時のGMには約三〇の事業部があったが、各事業部に最大限の独立と責任を与えつつ、本社が全体の一体性を保持するという集権と分権のバランスに成功していたとドラッカーは評価している。本社は目標を設定し、事業部長の権限を定め、それぞれの事業部の活動をチェックするとともに支援する役割を果たす。事業部長は、本社の経営政策の枠内にある限り自由に意思決定できることから、事業部長は独立企業の社長のようであるとドラッカーは記している。

それを可能にしている組織運営として、経営の一体性を維持するための双方向の情報の流れを可能にする仕組みや会議体を挙げ、さらに評価制度について取り上げている。事業部の業績はコストと市場シェアによって評価されており、こうした客観的な尺度が確立されていることで、前向きでインフォーマルな人間関係やチームワークと自由闊達な議論が可能になっているとドラッカーは観察している。

GMにおける分権制は具体的な状況や問題を踏まえて形成されてきたものであり、さまざまな例外があるものの、分権制自体は本社経営陣と事業部経営陣の関係のみならず、あらゆるマネジメント上の階層に適用されていることを踏まえ、分権制が大企業の組織構造上の問題を解決しうるきわめて有望な方法であるとされている。

†社会における企業

企業が社会的な信条や約束の実現に貢献しているかという第二の側面については、企業は、社会の代表的組織として、アメリカの心情を体現する存在として、人々に機会の平等という正義、社会における位置づけと役割による尊厳を与えなければならないとし、これらについて多くの課題が残されていることを指摘している。具体的には、昇進の基準が客観的なものになっていないことや、仕事の意義づけが行われていないことなどである。そのうえで、GMにおける戦時生産体制からくみ取るべき教訓として、仕事の意義づけの重要性、さらに主体的な行動の機会を与えるための取り組みの必要性などを挙げている。

第三の側面、すなわち企業の利潤追求と社会の安定・存続については、まず個々の企業の存続が社会の利益になるのかを論じ、個々の企業における経営組織（人間組織）が近代大量生産における最も重要な生産要素となっていることを再度強調し、企業の存続が社会の利益となると考察している。一方で、独占は効率の敵であり、企業の大規模化から生じるデメリットを避けるために分権制が必要であると主張している。最後に、産業社会における利益の位置づけや市場の機能、産業社会存続の基礎としての雇用問題などが扱われている。

このように、本書では企業がいかにマネジメントされているかではなく、政治学的な動機から社会における企業が果たすべき役割が論じられている。その後、ドラッカーはもっぱらマネジメントについて論じるようになったが、先に挙げた三つの側面から企業やマネジメントを捉える姿勢は引き継がれていく。したがって、本書やそれに先立つGMの調査がなければ、マネジメント・グルとして活躍するドラッカーのその後の姿はなかっただろう。

†本書に対するGMの態度

本書は発売と同時にベストセラーとなったが、その後も再版を続け、執筆から三十数年を経た一九八三年には長いエピローグ（邦訳では終章）を加えた新版が出版されている。そのエピローグには本書がGMにどのように受け取られたかが詳細に述べられている。

さまざまな課題が指摘されているものの、本書はGMの経営を概ね肯定的に評価していると筆者（高尾）には読めた。エピローグでドラッカーも書いているように、さまざまな書評も含めた大方の読者は、同じように本書を親GM的と捉えたようである。

しかし、GMの幹部からは意図的かつ徹底的に無視された。その理由として、ドラッカーは、経営政策についての考え、従業員関係（従業員の位置づけ）、社会的責任という三つに関する前提の相違を挙げている。

二〇世紀を代表する傑出した経営者の一人である、GMのCEO兼会長のアルフレッド・スローン・ジュニアは、自分のいる席で本書を話題にすることさえ許さなかったとされる。しかし、本書の出版をきっかけに、ドラッカーはスローンと個人的に接するようになった。そうした経緯は、スローンがいわば本書に反論するために時間をかけて執筆した『GMとともに』（ダイヤモンド社、二〇〇三年）にドラッカーが寄せた新しい序文（スローン没後に出た版）で紹介されている。
『ＧＭとともに』は、チャンドラー（⇓10）がかなりの部分の草稿を書いたようだが、同書もまたベストセラーとなり、最近の版ではビル・ゲイツが推薦文を寄せている。邦訳で五〇〇ページを超える大著だが、こちらもおすすめの一冊である。

Peter Drucker, *Concept of the Corporation*, The John Day Company, 1946.
『企業とは何か――その社会的な使命』上田惇生訳、ダイヤモンド社、二〇〇五年。

第3章

合理的システムとしての組織

一般に組織といえば、組織図に典型的に見られるような分業と調整のしくみが想起されることが多いだろう。そうした構造としての組織をいかに合理的に組み立てるかは組織の成果を大きく左右しうる。そこで、第3章では組織を合理的に作り上げるための知見に関わる著作を取り上げる。

沼上『組織デザイン』はいわゆる入門書ではあるが、組織の合理的なデザインのための知見がふんだんに盛り込まれている。チャンドラー『組織は戦略に従う』は事業部制組織という、現代においてはごく当たり前になっている組織形態の登場を経営史という観点から記述した。トンプソン『行為する組織』は、環境の不確実性に組織がいかに合理的に対処しうるかを理論的に検討したものである。一方、ウィリアムソン『市場と企業組織』は、取引コスト・アプローチという経済学的な観点から、組織の境界についての合理的な検討に対して示唆を与える著作である。

9　沼上幹『組織デザイン』
――分業と調整の現実的デザインに向けて

（原著刊行　二〇〇四年）

†入門書を挙げること

これまでにさまざまな学問分野についての「名著30」がすでに出版されているが、この本を執筆するにあたって最も参考にしたのは『社会学の名著30』（ちくま新書、二〇〇八年）だった。本書の第2章でウェーバーを取り上げたことからもわかるように、組織論は社会学から大きな影響を受けている。それも同書を読み返した理由の一つであるが、私にとってもっと重要な理由は著者である竹内洋先生が私の師匠だからである。もっとも、師匠といっても学部生のときに講義や演習を通じて薫陶を受けただけなので、ほとんど私淑といってよいようなものではあるが。

そんな背景もあり『社会学の名著30』を熟読したものの、竹内先生のようなエスプリの利いた文章を書けないことを痛感させられた。しかし、同書を読むことで執筆に使えるヒントもたくさん得た。その一つが、「名著30」のなかに入門書を取り上げてよいということだった。

数ある組織論の入門書から三〇冊の名著にピックアップするとすれば、これしかないというのが本項で取り上げる沼上幹《ぬまかみつよし》の『組織デザイン』である。ちなみに、二〇二四年一〇月時点で五万部に到達しているロングセラーである。

†分業と調整のしくみとしての組織

本書はタイトルの通り組織デザインを扱っているが、組織の特徴とは分業と調整の二つであり、それらのパターンが組織デザインであるとされている。

分業は近代経済学の祖ともいえるアダム・スミスが『諸国民の富（国富論）』でピンの分業を取り上げて以来、社会科学でもおなじみの概念である。また、分業が不可欠であることは、日々の仕事を通じても直感的に理解しやすいだろう。

もっとも、組織デザインに活かせるような知識が幅広く共有されているとはいえない。本書では、分業といってもさまざまなタイプ（並行分業／機能別分業、垂直分業／水平分業など）がありうることや、分業が有するさまざまなメリットが詳しく紹介されている。

たとえば、機能的分業のメリットの一つとして、経済的スタッフィングが挙げられている。これは、集団スポーツでの人材の採用に喩えるとわかりやすい。複数のポジションを高いレベルでこなせる選手がたくさんいれば、監督にとってはありがたい。しかし、そうした選手は希少であり、報酬も高くなる（投手・打者の両方で高い能力をもつ大谷翔平選手の年俸は、同じくらいの成績の投手や指名打者よりもはるかに高い）。それよりは、個別のポジションをしっかりこなせる選手をうまく組み合わせることで、コストをセーブしながらよいチームを作り上げることができる。

次に、組織のもう一つの特徴である調整について取り上げよう。調整というと、何らかの問題が生じたときに、それに対処するために打ち合わせや折衝を行うといったイメージが浮かぶかもしれない。もちろんそれも調整であるが、むしろそうした調整をいかに減らしたり、効率化するかということが、事前の調整、事後の調整に分けて検討されている。

事前の調整とは、調整のためのコミュニケーションの必要性を減らすためのしくみづくりである。何か問題が生じたとしても、そのときのどのような対処をとるべきかがマニュアルに詳しく記載されていれば、誰かに相談せずともそれに従えばよい。

そうした事前の調整の最も強力な方法が、ウェーバー（⇒5）やテイラー（⇒7）の項で取り上げた標準化である。標準化というと、作業マニュアルを作成するといったプロセスの標準化が想起されやすいが、インプットやアウトプットも標準化の対象になる。インプットの標準化には、労働力の標準化を図るために従業員のトレーニングを行うことも含まれる。

アウトプットの標準化とは、目標や評価基準を標準化することである。それによって、目標達成に至るプロセスの自由度を高めることができる。複雑性や不確実性が高い場合などは、プロセスの標準化が難しかったり、それによる弊害が生じやすくなることから、アウトプットの標準化が採用されやすい。

そうした標準化に対して、事後の調整とは、そうした事前の調整に頼れない予想外の事態に対応すべくヒエラルキー（階層制）を設定するものである。ヒエラルキーという言葉はあまり日常的ではないかもしれないが、マニュアルで対応できない問題が発生したときに上司に指示を求め、その上司でも判断できないことなら、さらにその上の上司の指示を仰ぐことである、と言い換えれば身近なしくみであることがわかる。

近年では、階層の少ないフラットな組織が理想であるように語られることが少なくないが、階層の高さは、一人の上司が管理できる数、すなわち管理の幅によって左右される。管理の幅は、管理者の能力にも影響されるが、予想外の事態がどの程度生じるかによって左右されるため、どのような組織でも極端なフラット化が図れるわけではない。

このような、標準化を基礎とした事前の調整とヒエラルキーの設計に基づく事後の調整を組み合わせた、日常的なオペレーションを円滑に遂行できるような組織デザインを本書では組織の基本モデルと呼び、それを現実に適用するための基本原理の説明が本書の中心的な議論である。

†組織デザイン論

かつての組織論の中心的なトピックは組織構造であり、組織デザイン論はその延長線上にある。組織論の大きな転換点としてコンティンジェンシー理論の登場が挙げられるが、その対象も組織構造をめぐるものだった。コンティンジェンシー理論については、ウェーバー(⇒5)やトンプソン(⇒11)の項でも言及しているように、組織が置かれている条件や状況の違いによって、有効な組織構造が異なるというのがその基本的主張である。本書ではコンティンジェンシー理論という言葉自体は用いられないものの、唯一最善の組織デザインを指向するのではなく、それぞれの組織が置かれている条件や状況に対応した組織デザインを選択することに役立つ枠組みが本書の後半で展開されている。

どのような組織デザインを採用すべきかを考えるポイントをまとめると次の二つになる。第一に、例外が発生する頻度である。例外の頻度によって事後の調整の必要になる程度は

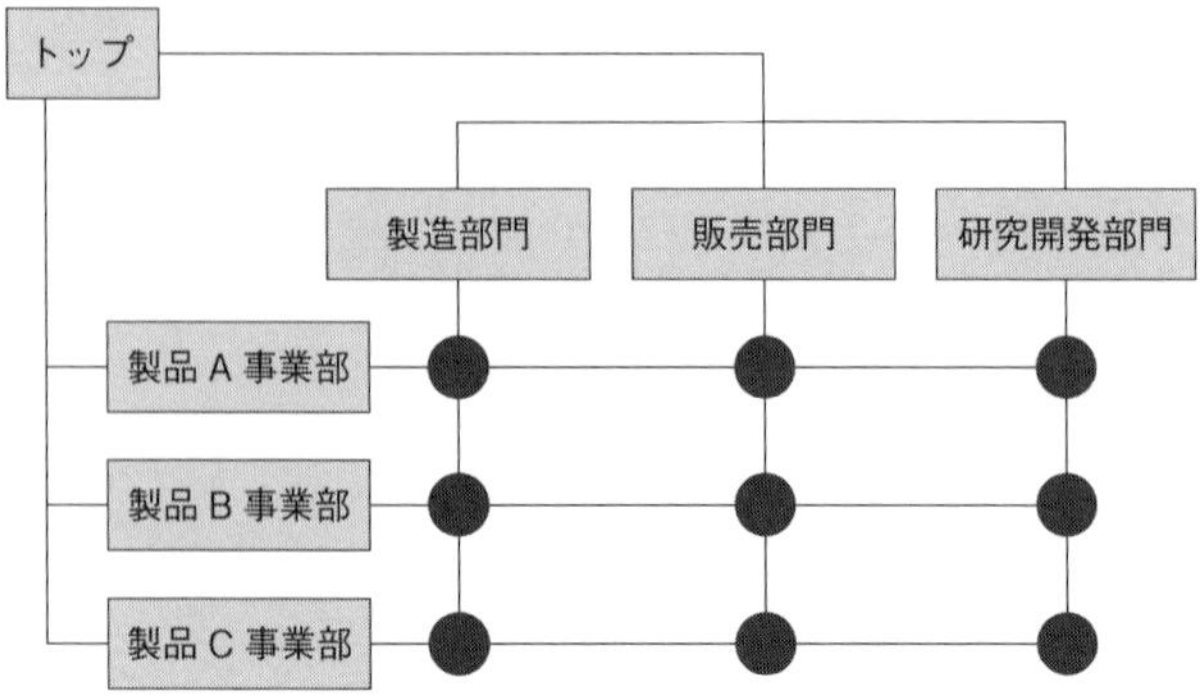

図9-1　マトリクス組織のイメージ

変わるが、その頻度は組織が面している環境によって異なる。組織ごとに面している環境が違っているのは当然だが、一つの組織のなかでも部門によって異なっていることもある。メーカーにおいて製造部門に関わる環境と、研究開発部門に関わる環境は異なっているだろう。

もう一つは例外発生時の調整の複雑さである。それは、個々の活動がどのくらい他の活動に依存し合っているかという相互依存の程度によって変化する。そうした複雑性が高い場合には、部門横断的プロジェクトチームやタスクフォースといった水平的関係を制度化することがしばしばなされる。機能部門と製品・市場部門のヒエラルキーがクロスするマトリクス組織（図9-1）が、相互依存の程度が高い場合に要請される組織形態として示されている。

†新しい組織形態との関係

出版から二〇年を経たため、本文で挙げられているいくつかの仮想事例や情報システムに関する記述が古くなっているものの（若い読者は、レコードプレイヤーは歴史で習って知っていても、MDプレイヤーのことは知らないかもしれない）、ここで説明されている組織デザインの原則はもちろん今でも適用可能である。

もっとも、本書で詳説されている、標準化・ヒエラルキーによって調整するという組織の基本モデルをベースに組織デザインを論じることに古めかしさを感じる読者もいるだろう。近年では、ティール組織やホラクラシーといった、さまざまな新しい組織形態が提案され、注目を集めている。たとえば、ホラクラシーでは、階層をなくし、役割をベースにした権限の柔軟な再配分が提唱されている。

「環境の変化が激しい現代には、新しい組織形態が必要である」という主張は、ティール組織やホラクラシーなどが提唱される以前からも繰り返し登場し、そのうちのいくつかは注目を浴びてきた。しかし、そうした新しい組織形態が基本モデルにすっかり入れ替わったかというと、必ずしもそうではない。

われわれの組織に関する常識が組織の基本モデルに縛られていることが、組織変革を難しくしている一因かもしれないが、それだけが理由ではないだろう。どのような組織であれ、規模が拡大すれば調整が不可欠であり、そのための知恵やノウハウが標準化やヒエラルキーに集積されているからである。もちろん、それらがもたらすデメリットもあり、本書でも必要に応じて水平関係やその他の追加的措置を加えていくことが提唱されている。

また、新しい組織形態を提唱する議論は、組織さえ変えれば望ましい結果が得られるという、いわば組織デザイン万能論であることも少なくない。それに対して、本書では、組織デザインに過剰な期待を抱きすぎないよう警鐘を鳴らしつつ、分業や調整の原理原則を理解しつつ、現実に合わせて折衷主義的にふるまうことが組織デザインに必要であると主張している。

本書は、組織デザインに直接関わる人たちだけでなく、組織のなかで調整をより効率的に進めることに関心がある人たちが手にすべき最初の一冊であり、もしかするとこれ一冊で用足りるという意味で最後の一冊かもしれない。

沼上幹『組織デザイン』日経文庫、二〇〇四年。

10　アルフレッド・チャンドラー『組織は戦略に従う』
——事業部制組織というイノベーション

（原著刊行　一九六二年）

†組織形態

組織論のテキストに必ず載っている内容の一つに、職能別組織と事業部制組織の対比がある（図10-1参照）。職能別組織とは、メーカーで喩えれば製造、販売、研究開発といった職能に基づいて部門化された組織構造である。一方、事業部制組織は、製品などによって部門化された事業部が設置され、事業部内に製造、販売、研究開発といった当該事業を遂行するために必要な職能が含まれているという形態である。製品の多角化が進むことで経営者の意思決定負荷が増大し、それを解消するために事業部制組織に移行すると説明されていることが多い。

現代においては、どちらの組織形態も当たり前に存在しており、それぞれの形態がいつ

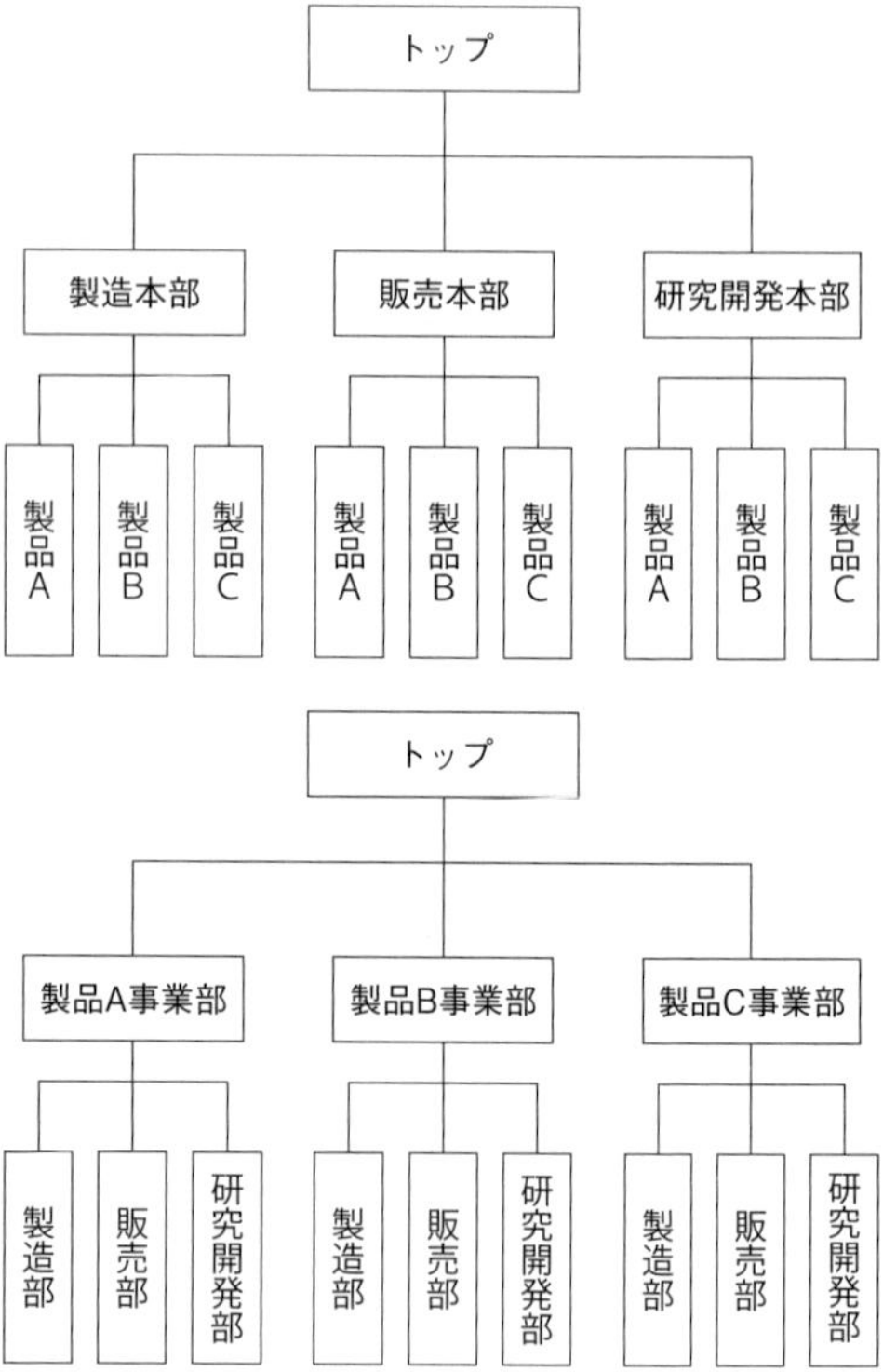

図 10-1　職能別組織（上）と事業部制組織（下）のイメージ

から存在しているのかという疑問が脳裏に浮かぶことはめったにない。しかし、いつの間にかそれらの形態が登場したわけではなく、組織変革の結果として生み出されたものである。これらの組織形態、とりわけ事業部制組織がいつどこでどのように生み出されたのか

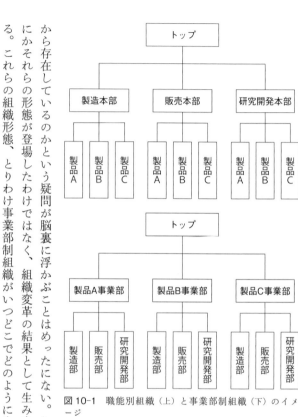

を、比較経営史の手法によって明らかにしたのが本書である。

†ビッグビジネス四社の比較経営史

本書では、事業部制組織を先駆的に採用した企業として、デュポン、GM、スタンダード石油ニュージャージー（現エクソンモービル）、シアーズ・ローバック（現シアーズ）の四社を取り上げている。それらの企業のケーススタディが本書の中核部分である。

これら四社は、それぞれの業界において先駆的に事業部制を採用したが、その経緯は異なり、採用に要した期間も異なっている。ここでは、四社のなかで最も円滑に事業部制組織の採用に至ったデュポンのケースを中心に紹介する。

火薬を製造する同族会社であるデュポンは、同業界で支配的な地位を占めていたが、一九〇二年の経営陣交代を機に集権的な職能別組織を採用した。第一次世界大戦（一九一四－一九一八年）によって軍需が急拡大したが、その需要を満たせる見込みが得られるようになった頃から、戦後を見据えた多角化プランの検討が始まった。戦中期から染料や塗料、人工皮革や有機化学製品などの事業拡大を図り、戦後には多角化の一層の展開が図られた。

しかし、多角化がもたらすマネジメント・ニーズの変化は意識されていなかった。最初にそのことが認識されたのは、多角化前の火薬のようなトン単位での販売と、塗料のように最終消費者を意識したマーケティングとの違いだった。その後、問題の核心は、販売にあるというよりも組織にあるとして、その再編を求める報告書が一九二〇年三月にまとめられた。そこには事業部制組織の基本コンセプトが含まれていたが、その提案は、当時の経営者が集権的職能別組織のもとでの専門化の利点を重視したために採用されなかった。

それ以降も若手経営幹部から、事業部制組織の考え方に近い提案がなされたが受け入れられず、多角化した事業は、競合他社が利益をあげているなかで、損失を計上し続けた。しかし、一九二一年上期に過去最悪ともいえる大きな損失を計上したことが引き金になり、同年九月に自律的な事業部と総合本社からなる組織形態への再編が承認された。このようにデュポンで、製品多角化という戦略に適合した事業部制組織という構造が編成されるまでに、最初の提案から一年半ほどを経なければならなかった。

他の三社についても簡単に取り上げておこう。いずれも最終的に事業部制組織を採用したが、その背景や狙い、それに要した期間などは異なっている。GMについては、創業経営者のデュラントが買収したさまざまな子会社や部門をいかにマネジメントするかが大きな課題であり、アルフレッド・スローンらによる総合本社の確立に焦点が当たっている。なお、GMの事業部制組織についてはドラッカーの項（⇩8）も参照されたい。

スタンダード石油ニュージャージーやシアーズ・ローバックは、新たな事業展開が組織再編のきっかけとなったが、デュポン、GMよりも事業部制組織が採用されるまでに長い時間を要した。前者は製品多角化と海外での垂直統合によって、後者は従来からのカタログ販売に直営店販売を追加したことによって新たなマネジメント・ニーズが生じたが、そうしたニーズを的確に捉えることができなかったり、認識できたとしても適切な組織再編につなげられず、事業部制組織の採用に至るまでの紆余曲折の期間が長きにわたった。

これら四社は本書の初版刊行(一九六二年)当時、それぞれの業界のリーダー企業であり、製品の多角化など新たな戦略に適合した事業部制組織の採用がそうした地位の確立に大きく寄与したと考えられている。

†組織イノベーション

これらのケーススタディにおける事業部制組織の導入は、イノベーションといえる。イノベーションというと技術革新と思われる向きもあるが、イノベーション概念を実質的に提唱したシュンペーターにおいても、イノベーションの五つの類型の一つとして新しい組織の達成が挙げられていた。チャンドラーは、シュンペーターの適応的順応と創造的革新(反応)の区別を参照し、職能別組織の確立を前者、事業部制組織の構築を後者と捉えている。

これら四社が採用した時点は多少の時期のずれがあるが、それぞれが採用した時点で事業部制組織という組織形態が広く世に知られていたわけではない。また、製品の多角化など新たな事業展開がスタートし、マネジメント負荷が増大したからといって、マネジメント・ニーズにどのような変化が生じたかを的確につかめるか、また、そうした変化に対応した組織を考案し、実際に採用できるかは別問題である。比較的スムーズに事業部制組織を採用したデュポン、GMにおいてすら、大きな危機や損失に直面することで初めて事業部制組織への転換がなされたように、その転換は決して容易だったわけではない。したがって、新たな事業展開による混乱に直面し、その中で試行錯誤しつつ事業部制組織というこれまでにない形態を創り出したことはイノベーションと呼ぶに値するだろう。

チャンドラーは組織イノベーションの推進者の気質や素養について検討しているが、GMにおいて創業経営者のデュラントが退場し、経営幹部の一人であったアルフレッド・スローンらにおいて推進されたことに典型的にみられるように、事業部制組織という組織イノベーションは、ビッグビジネスをまさに立ち上げた創業経営者によってなされることはきわめてまれであった。また、相対的に社外の経験が豊富で、エンジニア出身の若手経営幹部が中心的な役割を担うことが多かったことも、興味深い点といえる。

†組織は戦略に従う

新訳の邦題にもなっているが、本書は「組織は戦略に従う」という命題を提唱したことでも知られている。元の英語で言うと"Structure Follows Strategy"であり、戦略が先に立案され、それに基づいて組織構造が構築されることを意味する。本書では、事業成長のプランニングと成長が「戦略」、新たに加わった活動や経営資源をマネジメントするための部門が「組織」と呼ばれていることを踏まえると、当たり前の格言のようにも思える。

しかし、先に挙げた事例からもわかるように、新しい戦略が策定されたからといってすぐさまその遂行に必要な組織が設けられるわけではない。いずれの企業においても新たな戦略に伴うマネジメント・ニーズの変化や増大をつかむには時間を要しており、そうしたニーズが把握されたとしても、組織変革がスムーズに実施されたわけではない。したがって、「組織は戦略に従う」は、戦略が変化すれば、組織もそれに沿って変化しなければならないことを表現していると理解すべきだろう。

その後、戦略経営の父ともいわれるアンゾフによって、組織と戦略の前後を逆にした「戦略は組織に従う」という逆の命題が唱えられるなど、「組織は戦略に従う」という命題は一人歩きした感がある。もっとも、「組織は戦略に従う」という命題が提示されたことで、組織と戦略の相互的な関係をめぐる検討が刺激されたことは間違いない。

その後、チャンドラーは、『経営者の時代』（原題 *The Visible Hand*, 一九七七年）、さらには『スケール・アンド・スコープ』（一九九〇年）を出版し、戦略と組織を中心とした企業発展の一般史・総合史を提示する、いわゆるチャンドラー・モデルを提示した。その後、自動車産業で典型的に見られたような、米国の伝統的ビッグビジネスの退潮、ＩＴ産業やバイオテクノロジー産業などにおけるベンチャービジネスの存在感の高まりなどによって、ポスト・チャンドラー・モデルを求める議論もなされている。

しかし、経営史として資料的価値が高く、読みごたえもあるだけではなく、組織に関する理論的考察に影響を与えた経営史家は事実上他にはおらず、チャンドラーの貢献はけた外れに大きかったといえる。

Alfred D. Chandler Jr., *Strategy and Structure: Chapters in the History of American Enterprise*, MIT Press, 1962.
『組織は戦略に従う』有賀裕子訳、ダイヤモンド社、二〇〇四年。

11　ジェームズ・トンプソン『行為する組織』
――不確実性にどう向き合うか

（原著刊行　一九六七年）

†組織を動態的に捉える

私が本書に初めて触れたのは、四半世紀以上も前のことだった。大学院に入りたての頃に、たまたま指導教員以外の経済学の先生のゼミを受講することになった。その先生は当時、組織のマネジメントに関心があったらしく、ゼミの講読文献リストに本書（ただし旧訳）が含まれていた。そこで、それなりに時間をかけて読んだものの、何が主張されているのかさえさっぱり理解できず、最後までページを繰っただけになってしまった（結局、そのゼミで本書は取り上げられなかった）。今にして思えば、本書で頻繁に引用されているサイモン、マーチ、サイアートなどのカーネギー学派によって構築されてきた基本的な枠組み（⇒2〜4）や、コンティンジェンシー理論の基本的な主張さえ知らずに本書を手に取ったのは無謀でしかなかったといえる。

ところで、本書の原題は“Organizations in Action”であり、故高宮晋氏監訳の旧訳では「オーガニゼーション・イン・アクション」と訳されていた。著者であるジェームズ・トンプソンがどのような思いをもってこのタイトルにしたのか本書では触れられていないが、マーチ&サイモンによる一九五八年出版の『オーガニゼーションズ』(⇒3)を意識したものであることは想像に難くない(本書は一九六七年出版)。そう考えると、「in Action」が重要なポイントであり、環境や技術に由来する不確実性に組織がいかに対応するかという問題意識に基づいて、組織を動態的に捉えようとしたことが本書の特徴といえる。

また、副題が「管理理論の社会科学的基盤」となっていることも、カーネギー学派を意識したもののように思える。サイモンやマーチのもともとの専攻は政治学であり社会科学出身であるが、彼らの組織理論の核となる部分は認知心理学に依拠している。一方、本書においてはパワー–依存関係への注目などにみられるように、社会(科)学の知見をより取り入れた議論がなされている。

†オープンシステム観とクローズドシステム観の統合

本書の原著は二〇〇ページに満たないように決して長くはないものの、多くのアイデア

（約九〇個の命題！）が詰め込まれており、この紙幅で主要な主張をすべて挙げようとしても消化不良になることは間違いない。そのため、筆者（高尾）が特に重要だと思った三点のみを紹介することにとどめたい。

一九四〇年代頃にベルタランフィなどによって生み出された（一般）システム論が組織論に取り込まれ、組織の基本モデルとしてオープンシステム・モデルとクローズドシステム・モデルが対置されるようになった。システム論登場以前の、テイラーやウェーバーなどの議論がクローズドシステム・モデルの典型とされた。

組織がどのようなシステムとして捉えられるかは、システムをどのようなものと理解するかによって変わってくる。メーカーがサプライヤー（環境）から原材料などを調達して（インプット）、それを組み立てたり・加工して製品を生み出し（スループット、トンプソンの言葉でいえばテクノロジー）、それを顧客（環境）に出荷する（アウトプット）といったように、システム外部からのインプット／外部へのアウトプットに注目してシステムを捉えれば、すべての組織はクローズドシステムではありえない。

それでは、クローズドシステム・モデルは、組織の本質を捉えていなかったのだろうか。それは、環境が安定的であり、組織内部の効率性の向上が主要な経営課題だった時代にのみ有効だったといってよいのだろうか。それに対して、トンプソンは、以下のように二つのシステムモデルを統合的に扱う見方を提示した。

組織は本質的にオープンシステムであり、不確定性や不確実性に直面している。しかし、合理性を追求するために、その活動のコア（テクニカル・コア）が不確実性に直接さらされないようなデザインが採用されている。したがって、組織はオープンシステムでありつつ、疑似的なクローズドシステムをその内部に維持しようとしていると見ることができる。このようなユニークな見方によって、トンプソンは二つのシステムモデルを統合的に捉えられることを示したのである。

†不確実性への対処と依存環境のマネジメント

では、環境の不確実性による影響からテクニカル・コアを遮断しようとするために、組織はどのような手立てを採用しているのだろうか。メーカーの例を用いて説明すれば、環境との折衝を担当するインプット（調達）部門やアウトプット（販売）部門を設置し、適切な在庫を持つことで変動を吸収したり（緩衝化）、需要量が大きく変動しないように変動価格を採用したり（平準化）、季節要因などに起因する変化を事前に予測するといった具合である。

そのような手立てを講じたとしても、あらゆる組織は自己充足的ではありえないため、環境に依存する部分は必ずあり、それによって影響を受けざるを得ない。そうした環境への依存のなかでも容易に想像しやすいのは、特定の顧客やサプライヤーに対する依存だろう。たとえば、売上の多くを特定の顧客に依存していると、その顧客にパワーを行使され、その組織にとっては望ましくない変化を強いられる可能性がある。

そこで、組織は自律的なコントロールを維持すべく、依存関係をマネジメントしようとする。たとえば、特定のサプライヤーに、自社にとって不可欠な部品の供給の大半を依存している場合には新たなサプライヤーを開拓しようとする。そうした代替手段の確保が難しい場合には、契約を取り結ぶ、依存している組織のメンバーを受け入れることで取り込みを図る、他の組織と連合を組んで交渉する、といった方策を講じることになる。

このような組織間関係の依存関係とパワーをめぐる議論は、後にジェフリー・フェッファーなどが展開する資源依存理論の源流となった。

†テクノロジーと環境による組織構造の規定

トンプソンは、テクノロジーに起因する相互依存関係の形態が組織のあり方を規定していることも指摘している。たとえば、後工程が（一つ前の）前工程に依存するという関係にある連続的相互依存関係と、お互いのアウトプットがインプットになる互恵的相互依存関係では、主要な調整の方法が異なる。前者では全体の計画を立て、それをもとに調整することが有効であるのに対して、後者では相互にコミュニケーションをとることで新たな情報を伝達し合うような調整に頼らざるを得ない。

調整コストを最小化するように組織は部門化を図るが、頻繁なやり取りが不可欠な互恵的相互関係をひとまとめにし、そのうえで連続的相互依存関係を隣接するように共通するグループのなかに配置する。組織の規模が大きい場合には階層化を図ることになるが、その際にも部門間の相互依存関係を踏まえたグルーピングを行うことが調整コストの最小化にとって有効である。また、部門横断的会議（委員会）やプロジェクト・チーム（タスク・フォース）をどの程度用いるかも、テクニカル・コア内の依存関係次第である。

テクニカル・コアだけでなく、環境の影響を受け止めようとする境界連結部門でも、直面する環境の特質に応じた部門化が図られる。そこで、次に問題となるのはテクニカル・コアと境界連結活動の相互依存の程度である。その程度が高い場合には、チャンドラーの項（⇩10）で挙げたような事業部制組織といった自己充足的なクラスターを採用することが合理的になり、程度が低い場合には集権化された、いわゆる職能別組織が採用される。

このように、テクノロジーと環境に内在する制約条件が組織構造の設計の基礎となり、そうした制約条件は組織ごとに異なっているため、「複雑な組織を構造化するための組織構造の「ワン・ベスト・ウェイ（唯一最善の方法）」は存在しない」とトンプソンは述べている。トンプソン自身は、コンティンジェンシー理論という用語を用いなかったが、この主張はまさにコンティンジェンシー理論を一言で要約したものである。

†本書の読み方

本書は二部構成になっているが、ここまでに取り上げたのは第Ⅰ部の主要な箇所のみである。そのなかでも、テクノロジーや相互依存の分類については一部割愛しており、ドメイン・コンセンサスなどの興味深い概念も外さざるを得なかった。また、不確実性の対処において不可欠な組織メンバーの自由裁量や支配的連合体などを扱った第Ⅱ部はまったく言及できていない。

このように本書は多くない紙幅にたくさんの議論が凝縮され、魅力的なアイデアが詰め込まれている。本書をしっかり読み込めば、きっと組織に関する思考力が高まり、新たな視点も獲得することができるだろう。

もっとも、本書を解説する論考が比較的近年でも出版されているように、本書を読了するまでのハードルはかなり高い。トンプソンの強みは抽象化にあり、それは多くの命題の提示という形で示されている。しかし、命題のみを追いかけても、なかなか腹には落ちないと思われる。

本書のなかでも命題に対応する具体例は挙げられているが、命題に関わる具体例を読者自身がよく知っている組織で探してみると、理解が促進されるだろう。今回再読するにあたり、筆者（高尾）自身も、大学やかつて勤務していたメーカーに命題を当てはめてみることで理解が深まった。本書は、そうした具体と抽象の往復を繰り返しながら時間をかけて読むに値する名著である。

James D. Thompson, *Organizations in Action: Social Science Bases of Administrative Theory*, McGraw-Hill, 1967.

『行為する組織――組織と管理の理論についての社会科学的基盤』大月博司・廣田俊郎訳、同文舘出版、二〇一二年。

12　オリバー・ウィリアムソン『市場と企業組織』

——組織への取引コスト・アプローチ

（原著刊行　一九七五年）

†make or buy 問題

最初に次の仮想事例を読んでいただきたい。

あなたは業界一位の輸送機メーカーG社の部品調達の責任者です。G社では画期的な新製品の上市《じょうし》を進めることになり、その新製品にとって不可欠なある重要な部品の調達について、新製品の上市責任者から検討を依頼されました。

あなたは、技術力に定評のある部品製造メーカーF社に発注を打診してみようと考えましたが、安定的に供給してもらうには、F社にその部品専用の多額の設備投資を行ってもらう必要があります。

F社がこちらの期待通り設備投資し、安定供給してくれるようにするにはどのような条件をF社に提示すればよいのでしょうか。逆に、その部品をF社などの外部から調達するのではなく自社内で投資して内製したほうがよい、と上市責任者に回答すべきなのはどのような場合でしょうか。

このような問題は、現実にしばしば生じている。G社側にとっては、その重要部品を自社で製造するか、それともF社から購入するかという「make or buy」問題である。この問題についての意思決定は、G社の活動の範囲、すなわちG社という企業の境界を定めるものとみることもできる。

もちろん、上記のようなあいまいな情報だけでは具体的な条件などを検討することはできないが、こうした問題への経済学的なアプローチを可能にしたのがここで取り上げる取引コスト理論であり、その代表的研究者の一人が本書の著者であるオリバー・ウィリアムソンである。後述のように、ウィリアムソンが取引コストに最初に着目したわけではないが取引コスト理論の構築に重要な役割を果たし、企業の境界に関わる業績が評価されて、二〇〇九年にノーベル経済学賞を受賞した（エリノア・オストロムとの共同受賞）。

†取引コスト理論の原点

取引コスト理論の原点は、ロナルド・コース（一九九一年にノーベル経済学賞を受賞）が一九三七年に出版した「企業の本質（The Nature of the Firm）」という論文に求めることができる。

経済学者であるコースは、なぜ資源配分が価格メカニズム（市場）のみによってなされず、企業（組織）が存在しているのかという問いを立てた。企業（組織）の内部では、たとえば人員の（再）配置や事業部間の資源配分に典型的にみられるように、経営者の命令によって資源配分がなされている。このようにみると企業（組織）は市場とは異なる資源配分システムであり、どのような場合に市場が効率的であるのか、逆にどのような場合に企業（組織）が効率的なのかという問いを立てることができる。

コースは、この問いに対して、価格メカニズムを利用するためのコストといった表現を用いつつ、取引を行うためのコスト（取引コスト）が企業が有利になるかどうかのカギを握っていると考えた。取引コストには、たとえば、妥当な取引相手を探索し、交渉する、契約を締結する、締結後に調整やモニタリングを行うことなどが含まれる。こうした取引コストを低減できるがゆえに企業が存在すると、コースは説明した。

もちろん、企業（組織）がいつも有利になるわけではない。取引コストを抑えるという企業（組織）の機能が、規模の増大とともに低下（収穫逓減）すると考えれば、市場と組織が併存していることも説明できる。

市場か組織かという問題設定や、取引コストへの注目といったコースのアイデアは画期的なものだったが、抽象度の高い議論であり、そこからの展開が十分になされない状態が長らく続いていた。そんななか、ウィリアムソンは、後述のように取引コストが問題となる仮定や次元を整理するなどして、取引コスト理論の展開を可能にした。

†取引コスト理論の仮定や次元

取引コスト理論の基本仮定として最初に挙げるべきは、合理性の限界である。これは、サイモンら（⇩2〜4）の議論を踏まえたものである。ちなみに、ウィリアムソンはカーネギー・メロン大学で経済学の博士号を取得しており、サイモンが中心に立ち上げたカーネギー学派の第二世代とも呼ばれている。

話を合理性の限界に戻そう。合理性に限界がなければ、取引相手の行動を完全に予測できたり、ありとあらゆる状況を想定した契約（完備契約）を締結できることになる。いうまでもなく、そのような契約の締結は現実には不可能であり、すべての契約は何らかの点で不完備である。

第二の仮定が機会主義である。これは、個々の経済主体は自己の効用を高めようとするという経済学の基本仮定を、合理性の限界を踏まえて言い換えたものとみなせる。すなわち、ときに契約の不備を突いて、取引相手をだましたり裏切ったりして自己の利益を追求するといった行動を契約相手がとる可能性があることを意味している。

以上が人間行動に関する基本仮定だが、取引の環境に関わる次元もいくつか想定されている。その一つは、環境の不確実性・複雑性であり、これについては詳しい説明は不要だろう。他には、本書では、取引相手の少数性が挙げられていたが、後の議論では資産特殊性がとりわけ重要な次元として取り上げられている。最初の仮想例での特定の会社向けの特定の部品を製造するための設備投資はその典型であり、その影響はこの後で解説する。なお、資産特殊性とは、設備のような会計上の資産のみならず、特定の取引相手のビジネス慣行を学習するといったことも含まれる。

†ホールドアップ問題

本書『市場と企業組織』では、事業部制組織の採用といった組織デザインにかなりの紙幅が割かれているが、取引コスト理論の真骨頂が発揮されるのは、冒頭の仮想例に挙げたようなmake or buy問題への適用である。そこで、本書『市場と企業組織』の範囲を超えているが、ウィリアムソンのその後の研究を踏まえて、ここでは冒頭の仮想事例を用いながらmake or buy問題について取り上げよう。

実は冒頭の仮想事例は、取引コスト理論では有名な、GM（G社）とフィッシャーボディ社（F社）における約一〇〇年前の事例を下敷きにしている。米国有数の自動車メーカーであったGMは、これまで一般的ではなかったクローズドボディについてフィッシャーボディ社に設備投資を促すために、そのほぼすべてを同社から、原価に一定の利益を上乗せした価格で一〇年間購入する契約を同社と結んだ。

その後、クローズドボディを搭載した車体需要は、両社が想定していた量を超えて爆発的に増加した。その結果、GMはフィッシャーボディ社に対して価格面や立地面などに不満を持つようになり、交渉を試みたものの、フィッシャーボディ社はGMの足元を見て要求をはねのけた。このような状態に陥ることを経済学や経営学ではホールドアップと称する。これは需要の不確実性と資産特殊性が結びついたゆえに生じたと理解できる。

こうした状態に業を煮やしたGMはフィッシャーボディ社の株式取得に動き、最終的にはフィッシャーボディ社を合併することによって問題を解決した。すなわち、GMはクローズドボディの製造を自社内の活動に含めるように境界を変更したのである。

この事例では、ホールドアップが発注者側に生じたが、契約などの諸条件次第ではサプライヤー側に生じることもありうる。サプライヤーが資産特殊性の高い投資をしたことを踏まえて、発注者側が足元を見て納入価格の引き下げを要求し、サプライヤー側は、投資を回収するためにはその要求を飲まざるを得ないといった事態が生じるということである。このように、取引コスト理論はmake or buy問題をクリアカットに説明する枠組みとなる。

なお、仮想事例に対して市場取引／組織（内製）以外の選択肢を想像された方もおられるだろう。たとえば両社でジョイントベンチャーを設置することなども現実的な選択肢である。その後、このようなハイブリッド形態も盛んに議論されており、たとえば日本の自動車業界に見られるような系列の長期的取引なども中間組織として取引コスト理論で取り上げられている。

†組織の経済学

人間の合理性の限界や機会主義といった前提は今後も変わらないといえるが、環境はダイナミックに変化しており、それに応じて効率的な取引のあり方や企業の境界は変化し続けている。たとえば、これまで企業内部で行っていた業務のアウトソーシングが進んだり、

Uber等に典型的にみられるようにサービスの担い手を個人事業主に委ねる企業も増えている。したがって、企業側の視点に立てば、その境界を効率性の観点から絶えず検討する必要性は高まっており、取引コスト理論はそれに活用できる理論枠組みである。

取引コスト理論は組織を経済学的アプローチで解明しようとする「組織の経済学」の柱となる理論の一つであり、「組織の経済学」と題されたテキストがすでにいくつも出版されている。取引コスト理論について興味を持たれたならば、ウィリアムソンの著作にチャレンジする前に、それらのテキストをひもとくとよいだろう。

Oliver E. Williamson, *Markets and Hierarchies: Analysis and Antitrust Implications*, Free Press, 1975.
『市場と企業組織』浅沼萬里・岩崎晃訳、日本評論社、一九八〇年。

第4章 創発的システムとしての組織

第3章で取り上げたように組織は目的を達成するために合理的に設計される一方で、かならずしも意図的につくり上げたわけではないものも組織を構成している。そうした組織の創発的な側面に光を当てる著作を第4章で取り上げる。

レスリスバーガー『経営と勤労意欲』は、ホーソン研究という大規模な実験研究で明らかになった、人間関係などが組織にもたらすインパクトを紹介したものである。セルズニック『組織とリーダーシップ』は、制度という概念を用いて、顧客や競争相手といったいわゆる市場環境以外の環境から組織が受けている影響を取り上げている。グラノヴェター『転職』は、人々の転職活動に社会的なつながりが大きく関わっていることを明らかにしたことを端緒として、組織における社会的なネットワークへの注目を促した著作である。

シャイン他『DECの興亡』では、組織文化の影響が、DECというかつて隆盛を誇ったIT企業の事例をもとに検討されている。『センスメーキングインオーガニゼーションズ』を著したワイクは、組織をできあがったものではなく組織化し続けているものだと捉えたが、そのような組織の見方をする際に鍵となるセンスメーキングについてさまざまな観点から説明している。

13　フリッツ・レスリスバーガー『経営と勤労意欲』

――ホーソン研究がもたらした影響

（原著刊行　一九四一年）

†ホーソン研究とは

同僚が「上司が嫌味な奴だから、やる気が起こらない」と言っているのを聞いて、その言い回しに違和感を覚える人は少ないだろう。職場での人々の行動が、周囲との人間関係やそれに影響を受けた感情に左右されるというのは、現代を生きるわれわれにとって常識的に思える考え方である。

しかし、一〇〇年ほど前の米国の研究者たちにとっては、仕事へのやる気が人間関係や感情によって左右されるということは必ずしも常識ではなかった。そうした知見は、ホーソン研究と呼ばれる大規模な実験での予想外の結果の解釈に基づいて提唱され、産業界に広まった。

ホーソン研究とは、一九二〇年代半ばから三〇年代初めにかけて米国イリノイ州のシカゴ近郊に位置するホーソン工場で行われた一連の実験や観察のことである。この研究が行われたホーソン工場は、AT&Tの製造子会社であるウェスタン・エレクトリック社の主要製造拠点の一つであり、電話機や交換機などが製造されていた。

ホーソン研究の包括的な報告書としては、本書の著書であるレスリスバーガーが、共同研究者であったディクソンとともにまとめたもの（『経営と労働者』*Management and the Worker*）が出版されているが、残念ながら邦訳がない。そこで、レスリスバーガーが、ホーソン研究で得られた知見を実務者向けに語った講演原稿などを編集してまとめた本書を取り上げることにした。なぜなら、ホーソン研究は、組織論を語る際に避けて通れないほどの、きわめて大きなインパクトを与えたからである。

†実施された主要な研究

ホーソン研究ではさまざまな実験や観察、インタビューなどが行われた。ここでは本書『経営と勤労意欲』の第二章で取り上げられている主要な四つの研究を、実施された順番に取り上げることにしたい。

ホーソン研究では、当初は照明や休憩時間といった物理的な条件の変化が生産性を変化させるという前提を置いていた。その前提には、テイラーの科学的管理法（⇩7）との親和性を見いだすことができる。

一九二四年に開始された最初の実験は、照明に関するものだった。その目的は工場における照明の質や量が従業員の作業能率に及ぼす影響を明らかにすることだった。多くの科学的実験にならって、さまざまな条件の照度で作業するグループと、照度が一定に保たれた作業グループをつくり、その生産性を比較した。しかし、照度と生産性の間に一貫した結果が得られず、途中で照度を月明かりと同じ程度にしても生産性が維持されたことなどから、照明という物理的な環境条件以外の何らかの要因が作業能率に関係していると考えられた。

そこで一九二七年から実施されたリレー組立実験では、照明実験の「大失敗」を踏まえて、厳密な実験を行うために特別室を準備した。そこでは、少数の女性組立工が実験の対象となり、賃金の条件や休憩時間、軽食の支給などさまざまな条件を操作し、生産性に影響を与える要因が検討された。また、室内の温度や湿度、各自の睡眠時間や食事の量などのデータも記録され、約四〇個の部品からなる電話用リレーの組立時間やその品質なども毎回測定された。

五年以上続いたリレー組立実験では膨大なデータが収集されたが、物理的な条件の変化と生産性の変化との間には直接的な関係は見いだされず、その一方で、全体的にいえば実験を通じて生産性が上がっていくという結果が見られた。

上述のような結果は、作業環境や作業条件の変化と生産性の変化が直接的に関係するという当初の前提を覆すものであった。そこで、リレー組立実験が始まってしばらくした頃から、本書の著者であるレスリスバーガーを含む、ハーバード大学の研究グループが一連の実験に関わることになった。そのきっかけは、実験の結果に困惑したホーソン工場の幹部が、その研究グループの思想上の指導者であるエルトン・メイヨーを工場に招いたことだった。メイヨーは、オーストラリア出身の産業精神衛生や精神病理学に造詣が深い心理学者で、当時はハーバード・ビジネススクールに所属していた。

こうした経緯からホーソン研究に関わるようになったメイヨーやレスリスバーガーらは、リレー組立実験の結果を、休憩時間の長さなどの物理的・生理学的条件や経済的条件ではなく、心理的・社会的要因が生産性に対して決定的な役割を果たしているためであると解釈した。リレー組立実験の観察者は女性組立工と友好的な雰囲気をつくり、助言を行ったり、不平を聞いたりするなどしながら、観察すると同時に監督者としての役割も果たしていた。高圧的な監督者が一般的だったなかで友好的な監督スタイルがとられていたことや、実験に選抜されていることによる士気の向上、彼女らのなかで形成された団結心などが生産性の向上に影響しているという理解が、メイヨーらによって示された。

こうした解釈に基づいて工場における心理的・社会的要因の影響を捉えるべく、大規模な面接調査がなされた。その調査では、当時のホーソン工場の従業員の約半数である二万人ほどが対象となった。以前にも面接調査はなされていたが、そこでは面接者が一方的に質問するような形式が採用されていた。それに対して、面接そのものがセラピー的効果をもつことを意識するようメイヨーが提案し、従業員たちに思うがままにしゃべらせ、面接員は黙って耳をかたむけて聞くような形式がとられた。

最後に行われたバンク配線作業観察研究では、これまでの実験のように物理的・経済的条件を操作するのではなく、十数名の男性組立工の作業が観察された。組立工には集団での出来高制で賃金が支払われたが、特別室で作業している彼らの行動や発言は常時観察され、面接調査も随時行われた。

この研究によって、配線工、ハンダ工、検査工からなる三つの作業者グループには二つのインフォーマルなグループが成り立っており、それが生産高に影響を及ぼしていることが見いだされた。インフォーマルなグループでは暗黙のルールが共有され、それによって生産量が一定の幅に抑えられていた。そこで見いだされた暗黙のルールとは、「仕事に精を出しすぎてはいけない」「仕事を怠けすぎてはいけない」「仲間が迷惑するような告げ口を上司にしてはいけない」「他人の仕事にお節介をやいてはいけない」といったもので、それを守らないメンバーに対しては制裁が加えられていた。

†人間関係論の成立

これらの一連の実験や観察からなるホーソン研究は、経済恐慌の影響などもあり一九三二年に終了された。その後、紆余曲折を経てまとめられた六〇〇ページを超える包括的な報告書は、一九三九年にハーバード大学出版局から出版された。ホーソン研究の結果をもとに、「能率の論理」で動く技術的・公式的組織よりも、自然発生的で「感情の論理」で動く非公式的・社会的組織にもっと注目すべきと結論づけるこの報告書は、大著であるにもかかわらず幾度となく増刷された。

そこで主張されたように、職場の人間関係が組織における行動のきわめて重要な決定要因であるという認識に立ってマネジメントのあり方を議論しようとしたことから、彼らの立場は人間関係論と呼ばれるようになった。人間関係論は、技術的、生理学的、経済的要因にもっぱら焦点を当てたテイラー（⇒7）の科学的管理法に異を唱えるものと受け止められた。一九四〇〜五〇年代にかけて人間関係論は隆盛を極め、心理的・社会的要因、さらには自然発生的な社会システムの重要性に目を向けるきっかけとなり、組織研究のその後の展開に大きな影響をもたらした。

なお、ホーソン研究から「ホーソン効果」という言葉も生まれた。米国心理学協会が編纂した『APA心理学辞典』によれば、ホーソン効果とは「自分が観察されていること、あるいは研究に参加していることを知ることで、個人の行動に及ぼす影響のこと」である。ホーソン研究に関わった研究者が生み出した言葉ではないとされるが、リレー組立実験で見られた生産性向上の解釈として、しばしば参照された。

神話としてのホーソン研究

ホーソン研究は組織論においておそらく最も影響を及ぼした実証研究であったゆえに、ホーソン研究自体に対する研究はその後も多くなされた。そうした研究においては、研究の手続きや結果の解釈などについての批判や異論が提示されてきた。

そのなかでも最も有名なものとして、ギレスピーが一九九一年に出版した『知識をでっちあげること——ホーソン実験の歴史』(*Manufacturing Knowledge: A History of the Hawthorne Experiments*, 未邦訳)が挙げられる。ホーソン研究が終了してから約半世紀経ってから出版された同書は、最も著名な学術雑誌の一つである『サイエンス』誌でも書評に取り上げられた。同書によると、ハーバード大学の研究グループが参加する前の照明実験においてさえ実験実施者たちは、人間的な要因が生産に影響していることを自覚していたとされる。また、リレー組立実験において、ハーバード大学の研究グループが参加する前に、反抗的だった女性組立工を実験から外された影響などが無視されていたことや、生産性向上によって女性組立工たちが経済的利益を得ようとしていたといった指摘もなされている。経済的報酬が生産性向上に影響したことを示唆する実験結果もあったなかで、思想的リーダーだったメイヨーの産業社会に関する思想に基づいて、いわば我田引水的に研究結果が解釈されるに至った背景が検討されている。

そうした批判的研究を踏まえて、近年ではホーソン研究は神話だったという評価もなされている。「〇〇は神話である」という表現は、それが事実ではないということを強調するためにしばしば用いられるが、その一方で、客観的な事実ではないにせよ何か人を納得させる真実が含まれているからこそ、それが消失せず流布しているという面にも注目すべきだろう。そのように考えると、『経営と勤労意欲』でホーソン研究が紹介されている第二章のタイトルが「健全なる常識への復帰」というものだったことは示唆的であるように思われる。

職場の人間関係の重要性を指摘する人間関係論は一世を風靡《ふうび》したものの、その後勢いを失った。マズローが提唱する自己実現の欲求といった、高次の欲求の存在を前提にした人間モデルに依拠したアプローチが登場し、社会的欲求は相対的に低次の欲求とみなされるようになったからである。

しかし、近年になって、社会科学全般において社会性への注目は高まっている。そこでは、ホーソン研究とは異なりより厳密な研究手法を用いて、人間にとって社会性が大きな影響力をもつことが明らかにされている。そうした人間の本質を取り上げていたからこそ、研究方法や解釈に関する問題点がその後指摘されたにもかかわらず、ホーソン研究は現在でも多くのテキストで紹介され続けているのだろう。

F. J. Roethlisberger, *Management and Morale*, Harvard University Press, 1941.
『経営と勤労意欲』野田一夫・川村欣也訳、ダイヤモンド社、一九五四年。

14 フィリップ・セルズニック『組織とリーダーシップ』
――経営者の制度的リーダーシップ

（原著刊行 一九五七年）

†制度的リーダーシップの提唱

本書の邦題は『組織とリーダーシップ』だが、組織におけるリーダーシップ全般が扱われているのではなく、経営者層に求められる「制度的リーダーシップ」が扱われている。著者であるセルズニックは、世界大恐慌後のニューディール政策の一環として設置されたTVA（テネシー川流域開発公社）など、主に政治的組織の調査を踏まえてこの概念を提唱したが、ここでは、読者の多くが所属しているであろう企業組織に当てはめて説明することにしよう。

本書の流れとは逆になるが、まず、制度的リーダーシップがどういったものなのか紹介してから、なぜそれが重要とされるのかを解説する。「制度」とは何を指すのか疑問をもたれたかもしれないが、その点については後ほど取り上げることにして、本書の序論に付されている訳注のように、制度とはひとまず組織のことであると読み替えていただきたい。

†経営理念と制度的リーダーシップ

制度的リーダーシップを現在の日本企業に当てはめる場合には、経営理念と関連づけるとわかりやすい。一五年以上前になるが、京都大学(経営管理大学院京セラ経営哲学寄附講座)で客員教員を兼任していた頃に、当時の東証一部上場全企業のホームページに一つ一つアクセスして、そこに経営理念が掲載されているかを調べたことがある(ゼミ生にアルバイトとして手伝ってもらったが)。その当時だと約七五パーセントの企業のホームページに経営理念が掲載されていた。今ではコーポレートガバナンス・コードの原則の一つに「中長期的な企業価値向上の基礎となる経営理念の策定」が含められていることもあり、一〇〇パーセント近くになっているものと想像される。

一口に経営理念といってもさまざまな内容や形式があるが、近年の比較的ポピュラーな形式は「ミッション、ビジョン、バリュー」の階層構造で経営理念を示すものである。また、直近ではパーパス(存在意義)の重要性も話題になっている。もっとも、経営理念がお題目として額縁に飾られているだけの会社もあれば、コーポレートガバナンス・コードの原則でうたわれているように、経営理念が企業価値を高める活動と紐づき、経営陣や管理職が重要な意思決定を行う際に経営理念が参照される会社もあり、その浸透度にはかなりのバラつきがある。

以上のような経営理念の現況を踏まえつつ、制度的リーダーシップの説明に戻れば、セルズニックは制度的リーダーシップを発揮するリーダーがなすべきこととして、「制度（組織）のミッションと役割を設定」し、「パーパスの制度（組織）への体現」を図り、「制度（組織）の一貫性《インテグリティ》の防衛」を図り、「内部葛藤の整理」を行うことを挙げている。このように、制度的リーダーシップとはミッションやパーパスといった組織のあるべき姿を示し、それらの組織的体現を図りつつ、インテグリティを維持するという、経営者層に固有のリーダーシップである。

こうした制度的リーダーシップの発揮は、後ほど紹介する事例のように決して容易ではないが、それが当該組織、さらには社会にとって重要であるという認識は幅広く共有されているといってよいだろう。セルズニックが本書を著した頃とは大きく異なり、今日では、CSR（企業の社会的責任）、さらにはESG経営といった考え方が定着し、企業が製品やサービスの提供という経済的機能を超えて社会と関わることが当然視されているためである。

制度的リーダーシップに類似したものとしては、第1章のバーナード(⇩1)で少し言及した道徳的リーダーシップが挙げられる(本書でもバーナードについて複数箇所で言及がある)。道徳的リーダーシップとは、組織内外の多様な価値観や公式的/非公式的な規範といったさまざまな道徳準則が相矛盾し対立するなかで、そうした矛盾や対立を止揚する新たな道徳準則を創造することとされている。

いずれも近年の行動科学的リーダーシップ論では扱われることが少ない価値的な側面に注目しており、かなりの共通性が見いだせる。もっとも、それらの概念がどのような問題意識から生み出されたのかは若干異なっている。道徳的リーダーシップの場合はどちらかといえば組織内部の統合に重きを置いていたのに対して、制度的リーダーシップはこの後紹介するように、組織外部との統合という問題意識をもとに提唱された。

†「組織」の「制度」化

それでは、なぜ制度的リーダーシップが必要となるのか。ここで初めて組織と制度の違いが問題となる。セルズニックは組織についてやや特殊な用法を採用しているので、そのような意味で用いる場合には「組織」と表記する。

セルズニックによれば、「組織」とは一定の目的を実現する合理的な手段であり、「使い捨て可能な道具」と表現されている。第2章のウェーバーの項（⇒5）で言及したように、このように組織を捉える見方は決して例外的なものではない。たとえば、ある起業家が自身が思いついたアイデアをもとに新しいサービスを立ち上げようと創業したときには、その会社は起業家のアイデアを実現するための道具である。したがって、新しいサービスの立ち上げという目的実現についての効率性から「組織」が評価される。

しかし、組織は社会のなかで存在しており、「組織」が目的を追求する過程で社会からのさまざまな影響を受ける。雇用した従業員、顧客、投資ファンドや金融機関、サプライヤーといった多様な人々や団体と関わり、それを通じて、「組織」の経済的価値には直接的に関わらない影響を受けている。たとえば、雇用している人々のダイバーシティをどのように受け止めて人事管理に反映すべきなのか、資材を調達するときに価格や品質といった経済合理性以外に重視すべきことはないのか、その会社が活動している地域社会に対してどのように関わるのか、といったことを決定する際に、そうした影響を受けていることが意識されるだろう。

こうした種々の決定を積み重ねた組織の歴史を通じて、目的達成の道具であった「組織」は特定の価値に対してコミットすることになり、そうした価値が持ち込まれた自然発生的な「制度」となっていくことを、セルズニックは制度化と呼んだ。セルズニックは、

「制度」を、社会からの要求に反応して特定の諸価値に対してコミットした、独特のアイデンティティを有する、ある種の有機体として捉えている。

ここで、経営理念を軸に経営を行った稀代の名経営者である稲盛和夫による制度化の事例を取り上げてみよう。稲盛氏は、自らの技術を世に問うために、京セラ（当時の名称は京都セラミック）を一九五九年に創業した。創業の狙いからすれば、稲盛氏にとって京セラは「組織」だったといってよいだろう。

創業三年目でまだ同社の規模が小さい頃に、若い高卒社員一一人が定期昇給やボーナスなどを求める要求書を稲盛氏に突き出した。彼らは「認めてくれなければみんなで辞めます」と迫り、稲盛氏は三日間にわたり自宅で彼らとひざを突き合わせて交渉を行った。この体験をもとに、稲盛氏は「全従業員の物心両面の幸福を追求する」という経営理念を掲げるようになった。さらに、社会の一員としての責任も果たす必要があると考えて、「人類、社会の進歩発展に貢献すること」を加えたものが同社の経営理念となり、現在（二〇二四年九月時点）でも同社の経営理念として維持されている。

この出来事を後に振り返り、稲盛氏は「私の理想実現を目指した会社から全社員の会社になった」と書いているが、まさにこれは「組織」が「制度」と化したことを示しており、稲盛氏はこの出来事において制度的リーダーシップを発揮したと言えるだろう。

このような劇的な出来事だけでなく、日々のさまざまな活動のなかで組織は社会からさまざまな影響を受けている。そうした制度的環境からのさまざまな要求に対して場当たり的に対処してしまうと組織としてのアイデンティティはあいまいになり、「制度」としての一貫性《インテグリティ》が失われたり、組織内部の葛藤が日々生じることになるだろう。

セルズニックが調査したＴＶＡでは、その活動や意思決定プロセスに地域社会を参加させる「草の根」アプローチがとられたが、その過程で地域社会の支持を得るために地元のエリートや利益団体を組織内部に取り込んだことが意図しない結果を招き、ＴＶＡ本来の目標を妥協させることになった。

このように、組織外からの要求に対する制度化が無軌道に進まないように、先に紹介した組織のトップ層による制度的リーダーシップが求められる。たとえば、近年では（大）企業はＳＤＧｓとの関わりを明らかにすることが求められるようになっている。ＳＤＧｓの一七の目標は社会にとってすべて重要ではあるものの、一つの企業がすべての目標に同等にコミットすることは不可能であろう。その企業の事業内容や歴史、ステークホルダーとの関わりなどを踏まえ、特にどのような目標にコミットするのかを明確に示し、それを組織の実質的な活動と結びつけていくことは制度的リーダーシップの一つの現れといえる。

†制度論としての展開

トンプソン（⇒11）は、顧客や競合、取引相手といった市場的・技術的環境から影響を受けるという意味で組織はオープンシステムであると捉えた。それに対して、セルズニックは市場的・技術的環境以外の制度的環境に対しても適応を図るオープンな社会システムとして組織（制度）を捉えている。こうした制度的環境に注目した議論は、一九八〇年頃から「新」制度派組織論として新たな展開を見せる。

セルズニックに代表される「旧」制度派組織論と「新」制度派組織論の共通点は、組織が制度的環境への適応を図り、正当性を得ようとしているという見方である。組織が正当性を獲得するということは、平たく言えば、外部からよい組織と認められているということであり、財務的成果や顧客価値以外の観点からも組織が評価されており、そうした評価を意識した行動を組織はとっている。

一方で両者の重要な違いは、官僚制に代表されるような公式組織の捉え方にみられる。セルズニックにおいては、公式的な構造は「組織」であって、それ自体は合理的な調整を実現する道具と捉えられていた。それに対して、新制度派組織論では、その道具的有効性にかかわらず、公式的な構造を採用していることが、その組織が合理的で正当なものであることを象徴しているかのように受け取られることを強調する。昨今の事例でいえば、コンプライアンスに関わる制度導入を想起すればよいかもしれない。そうした制度導入に実効性があるかどうかではなく、それを導入していることそのものが正当性の回復や維持にとって重要とされていることも少なくない。このように、現代社会では公式的な組織構造や手続きなどを採用していることが「合理化された神話」として機能しているという側面があることを、新制度派組織論は指摘している。

そうした制度的環境への適応は、組織間の類似性を高める同型化への圧力ともなりうる。同型化のメカニズムはいくつか存在するが、たとえば、チャンドラーの項（⇩10）で紹介した事業部制組織の普及においても、ある種の模倣的な同型化が作用していたことが新制度派組織論の研究で指摘されている。本来であれば、事業部制組織の採用によって合理的な組織運営が可能になるからこそ、それが広まったはずである。しかし、事業部制組織を他社よりも遅れて採用した組織のなかには、制度的環境からのプレッシャーによって採用したところもあることがそうした研究によって示されている。

先に、経営理念とコーポレートガバナンス・コードの関係性を指摘したが、経営理念を掲げること自体やその内容についても模倣的な同型化が作用しているかもしれない。そう考えると、セルズニックが提唱した制度的リーダーシップの発揮はきわめて困難であり、かつ非常に重要であるといえる。

Philip Selznick, *Leadership in Administration: A Sociological Interpretation*, Harper & Row, 1957.
『組織とリーダーシップ（経営名著シリーズ11）』北野利信訳、ダイヤモンド社、一九七五年。

15 マーク・グラノヴェター『転職』
——ネットワークから埋め込みへ

（原著刊行 一九七四年）

†なぜ本書を取り上げたか

原著のメインタイトルは"Getting a Job"であるが、新卒一括採用が雇用慣行として定着している日本の状況を踏まえて「転職」と訳されている。本書の中心的な主題は、人がどのように職を得ているか（転職しているか）という労働移動（社会移動）であり、とりわけ人がいかにして転職に関する情報を得ているか、またそうした情報がどのように伝播《でんぱ》しているかである。

組織、とりわけ企業組織の立場から見れば、どのように労働者を確保するかは実践的に重要な課題である。もっとも、従業員がどのようにして仕事を見つけるかという本書の主題は、組織について考究する組織論においては周辺的な検討課題といえるかもしれない。

にもかかわらず本書を取り上げたのには、以下に述べる二つの理由がある。第一の理由は、本書でなされた調査分析において見いだされた情報の伝播に関する人間関係もしくはネットワークの効果は、組織のさまざまな局面にも当てはまるためである。もう一つの理由は、本書で紹介された研究を起点にグラノヴェターらが発展させた、社会構造に注目する見方は新しい経済社会学という一大潮流となり、組織論に大きなインパクトをもたらしたためである。

本書は原著第二版（一九九五年出版）の翻訳だが、そうした影響も把握できる重層的な構成になっている。そのため、内容を紹介する前に、本書の構造を紹介しておこう。

序章から10章が本論であり、そこで紹介されなかった研究計画や分析などが付論A〜Cで紹介されている。これらは、一九七四年出版の第一版に由来する。さらに第二版では、「再検討と新しい課題」と題した、邦訳で六〇頁を超える長大な追記が加えられている。さらに、付論Dとして一九八五年に『アメリカン・ジャーナル・オブ・ソシオロジー』に掲載され、大きな影響力をもった論文である「経済行為と社会構造——埋め込みの問題」も追加されることで、先に挙げた第二の理由が納得できるようになっている。

†人的つながりによる職探し

本書第一版のもとになったのは、グラノヴェターがハーバード大学に提出した博士論文だった。グラノヴェターの博士課程での指導教員は、社会ネットワーク研究再興の立役者の一人とされているハリソン・ホワイトである。

グラノヴェターは博士論文のために、一九七〇年にボストン郊外のニュートン市に在住する男性ホワイトカラー労働者（専門職、技術職、管理職）を対象として、彼らがどのように仕事を得たのかについて、情報の入手や伝播に焦点を当てた調査を実施した。丁寧にサンプリングを検討したうえで、一〇〇名にインタビュー調査を行い、さらに一八二名にアンケート調査を実施した。

その結果は非常に興味深いものだった。まず、仕事を得ることに関する情報の入手方法は、三つに分類されている。それらは、①フォーマルな方法（公私の職業紹介機関の利用、求人広告など）、②人的つながり、③直接応募（直接会社に問い合わせる、会社を訪問するなど）である。これらの方法のうち、全体の五〇パーセントを超える人々が人的つながりによって職を見つけており、さらにその人々が最も仕事に満足し、同時に収入も高い傾向がみられた。

続いて、人的つながりによって職を見つけた人たちがどのようなコンタクト（情報提供者）から情報を得たのか、またコンタクトはどのようにその情報を得たかに関する分析が紹介されている。働く人たちにとって転職は重要な出来事であることから、職に関わる情報は、つながり（紐帯）が強い人たち、家族・親族や日頃からよく会っている親しい友人から得られると考えられてきた。しかし、この調査では、むしろまれにしか会わないような関係の薄い友人や仕事上の知り合いなどがコンタクトとなっていることが多く、またそうしたコンタクトからの情報で転職したほうが、収入や満足度の面で良い仕事に就いている傾向があることも明らかになった。こうした分析結果は、親密な友人は、自分と人脈が重なっているために、類似の情報しか持っていないのに対して、弱いつながり（紐帯）の人たちは異なる情報を有していることがあるためであると推論されている。

他にも、転職による労働移動が、弱いネットワークを生み出していくといった興味深い指摘がなされている。

†弱い紐帯の強さ

この研究で明らかになった弱い紐帯を通じた情報伝播を理論的に考察し、グラノヴェターは「弱い紐帯の強さ」というタイトルの論文を一九七三年に発表した。この論文では、弱い紐帯が、強い紐帯が形成されている断片化した小集団を橋渡ししており、そうした橋渡しに注目することでミクロレベルとマクロレベルの連結の解明が促進されると主張されている。

同論文は社会ネットワーク分析で最も引用された論文になり、社会学の範囲を超えて社会ネットワーク分析の重要性を広めることに大きく寄与した。それには、内容そのものが興味深かったことに加え、「弱い紐帯の強さ」というインパクトのあるタイトルが功を奏した面もあるだろう。後に、それをもじって強い紐帯が大きな変化が実現するカギとなることを主張する「強い紐帯の強さ」という論文も他の研究者（クラックハート）によって執筆されているほどである。

ちなみに、グラノヴェターのこの論文の翻訳は、社会ネットワーク論の著名な論文を集めて翻訳した『リーディングス ネットワーク論――家族・コミュニティ・社会関係資本』（野沢慎司編・監訳、勁草書房、二〇〇六年）で読むことができる。

この論文は組織論研究者が社会ネットワーク分析に注目する一つのきっかけになったと考えられる。もっとも、レスリスバーガーの項（⇓13）で取り上げたホーソン研究の主要な研究の一つであるバンク配線作業観察研究が、社会ネットワーク研究の原点の一つとされているように、それまでの組織論において人々のネットワークに注目するという見方が存在しなかったわけではない。また、一九八〇年代以降の組織論に社会ネットワーク分析が大々的に取り入れられるようになったのは、社会ネットワーク分析における概念上・方法論上の発展や実際の分析に用いるツールの開発が大きく寄与している。したがって、この論文のみが組織論に社会ネットワーク分析を取り入れるきっかけだったわけではないが、多くの研究者に社会ネットワーク分析の魅力を伝えることに貢献したのは間違いない。

†新しい経済社会学

労働移動が人々のもつネットワークによって左右されるという本書での発見事実を敷衍すると、経済と社会に対する新たな見方を提唱するものになる。というのは、労働力の提供というのは経済的交換の一つだからであり、それが人々の関係という社会的なものによって影響を受けていることを示しているからである。

その後の研究を踏まえ、グラノヴェターは、経済は社会に埋め込まれており、経済と社会を別々に分析できないと主張する「新しい経済社会学」を提唱したが、第二版で加えられた付記において、本書の研究がその原点の一つであると振り返っている。

「新しい経済社会学」の中核概念として、グラノヴェターは経済人類学者であるカール・ポランニーが提唱していた「埋め込み（embeddedness）」概念を翻案して採用し、これに基づいて経済主体を一人一人まったく独立している原子化した行為者として扱い、経済的動機のみから経済行為が引き起こされることを前提とする経済学的アプローチを批判した。そうした主張を先鋭に述べた論文が付論Dとして含められた「経済行為と社会構造――埋め込みの問題」であり、それゆえ第二版ではこの論文が付け加えられた。そのなかでは、第3章で取り上げたウィリアムソン（⇩12）が批判の対象となっている。

「新しい経済社会学」において経済と対置される社会には、人々のネットワークといった社会関係のみならず文化的な要素も含まれており、セルズニックの項（⇩14）で取り上げる制度もその一部である。したがって、そこで扱った新制度派組織論も「新しい経済社会学」の一部に含めることができる。

このように、本書に収められている調査研究は、社会科学に大きなインパクトをもたらす礎となったが、その内容が一〇〇名へのインタビュー調査を中心とした地道な調査に基づいたものであることを、最後に改めて指摘しておきたい。調査デザインについては、付論A～Cで紹介されているが、丁寧かつ創造的な手法が採用されたことが確認できる。個人情報保護をはじめとする社会の変化から、グラノヴェターと同じような研究手法を採用することは今日ではできないが、研究者であれば一読に値する。こうした付論は翻訳の際に省かれてしまうことが少なくないが、本書ではすべて訳出されていることもありがたい。

Mark S. Granovetter, *Getting a Job: A Study of Contacts and Careers*, Harvard University Press, 1974.
『転職――ネットワークとキャリアの研究』渡辺深訳、ミネルヴァ書房、一九九八年（一九九五年刊行の原著第二版の邦訳）。

16 エドガー・シャイン他『DECの興亡』
――組織文化のインパクト

（原著刊行 二〇〇三年）

†組織文化論の泰斗としてのシャイン

本書の主著者であるエドガー・シャインは、組織研究に大きな足跡を残した。たとえば、彼はキャリア論の最重要概念の一つであるキャリア・アンカーの提唱者として知られている。また、組織開発においてもさまざまな著作を出版している。しかし、組織論において彼の名が最も言及されるのは組織文化に関する研究である。シャインによる『組織文化とリーダーシップ』（白桃書房、二〇一二年）は組織文化論を代表する一冊であり、同時に彼の主著といえるだろう。

シャインは、組織文化を三つのレベルからなるものと捉える（図16-1）。最も表層にあるのは人工の産物（人為的につくられたもの）であり、製品やサービスそのもの、物理的な環境としてのオフィス、そこで用いられている言葉、目に見える慣習や行事などである。このような見たり聞いたりできるレベルでも、その組織らしさを見いだせることは少なくない。

第二のレベルには、信奉された信条や価値観（表出された価値）が位置づけられている。セルズニックの項（⇓14）で言及したように、多くの日本の大企業はミッションやビジョン、コアバリューといった経営理念を掲げているが、そうしたものを想定してもよいだろう。もっとも、経営理念が有名無実化している会社もあるように、公式に表明された価値観が建前としては尊重されている一方で、実際の行動や意思決定にあまり反映されていないこともある。

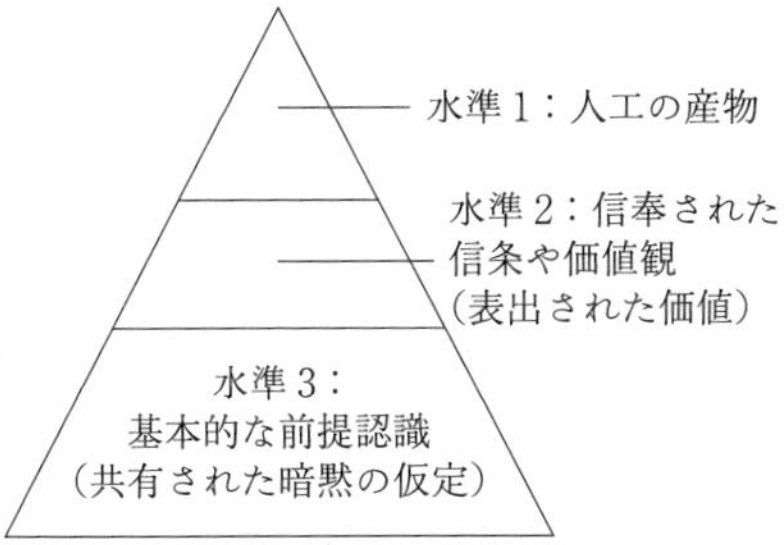

図16-1　組織文化の三層モデル

第三のレベルは、最も深層にある基本的な前提認識（共有された暗黙の仮定）である。組織のメンバーにとって当然のもので意識されていないものの、組織メンバーのものの見方や考え方を左右し、実際の行動や意思決定に反映されており、組織文化の核といえるものである。

この三層構造は、組織論のテキストで組織文化を論じる際に必ず参照される枠組みになっている。シャインの主著『組織文化とリーダーシップ』において、それらがどういうものであり、それらのなかでも最も深層にある基本的な前提認識がなぜ重要であり、いかに組織を左右するのかなどについて、もちろん詳しく論じられている。

しかし、同書は組織文化を包括的に論じようとするがゆえに、かえって組織文化のインパクトがつかみにくくなっているきらいがある。二〇一二年に同書第四版の邦訳が出た直後に学部のゼミで講読したが、ゼミ生たちには内容が腹に落ちていないようだった（もちろん、彼らは会社などで正社員として働いたことがなく、組織文化をリアルに感じる経験をしたことがなかったことも影響しているだろうが）。

そこで、同書でもしばしば言及されているDEC（正式な名称はDigital Equipment社）のみを対象として、同社の組織文化およびそのインパクトを描いた本書を、組織文化論の名著として取り上げることにした。DECという、組織文化ゆえに成功し、かつ失敗したいわば極端事例を取り上げることで、組織文化についての理解を深めることができるのではないかと考えたためである。もう一つの理由は、この後述べるように、DECという会社が組織文化論に対して最も影響を与えた会社といっても過言ではないためである。

†組織文化への注目とDECの興亡

組織文化という概念は、組織論のなかではやや後発のコンセプトである。一九五〇年代に萌芽的研究はあったものの、注目度が高まったのは一九八〇年代前半である。一九八二年に出版され、大ベストセラーになったピーターズ&ウォーターマンの『エクセレント・カンパニー』はその重要なきっかけの一つとなった。当時、マッキンゼーのコンサルタントだった彼らは、行動の重視や価値観に基づく実践など、組織文化に深く関連した八つの基本的特質を備えていることが超優良企業(エクセレント・カンパニー)に共通してみられると主張した。同書の中で、それらの基本的特質を明らかに満たしていると認定された模範的企業一四社にDECが含まれていた。

一方、シャインは、一九六六年から約二五年にわたりDECのコンサルタントを務めており、その経験などを踏まえて一九八五年に『組織文化とリーダーシップ』を著し、組織文化論を組織研究の重要な領域として確立することに大きく貢献した。

DECはケン・オルセンらによって一九五七年にマサチューセッツ州で創業されたコンピュータ企業である。一九八〇年代にはコンピュータ業界でIBMに次ぐ世界二位の地位まで上り詰め、創業者であるケン・オルセンは一九八六年には『フォーチュン』誌で二〇世紀最高の企業家と称えられた。

ＤＥＣは、本書で紹介されているコンピュータのパラダイム展開でいえば、メインフレームによるバッチ・コンピューティングのパラダイム１から、ミニコンピュータによるタイムシェアリング・コンピューティングというパラダイム２への転換においてリーダー的な役割を果たした。しかし、一九八〇年代からのパソコンやワークステーションなどによるオープン・サーバ・コンピューティングというパラダイム３への転換の波に乗り遅れた。その結果、一九九二年に業績不振のためにケン・オルセンは退任せざるを得なくなり、一九九八年にはコンパックに買収され、会社自体が消滅した（買収したコンパックも、二〇〇一年にＨＰに買収された）。

このような華々しい成功、そして衰退にＤＥＣの独特な組織文化が大きく関わっていたというのが本書『ＤＥＣの興亡』の基本的な主張である。

†ＤＥＣの組織文化

本書の原著は、ＤＥＣが消滅した五年後である二〇〇三年に出版されている。シャインだけでなく元ＤＥＣ社員だった三名も執筆者に加わり、創業経営者だったケン・オルセンをはじめとした多くの元ＤＥＣ社員へのインタビューなどもデータソースにして、パラダイム2においてDECを成功に導いた組織文化こそが、パラダイム3への転換において他社の後塵を拝することになった原因であったことを描いている。

本書のメイントピックがDECの興隆と衰退であるために、組織文化については、先に挙げた三層構造を踏まえつつ、遺伝子といったメタファーを用いるなどして、わかりやすい記述になっている。DECのDNAにある遺伝子の多くは、アメリカの個人主義に強い影響を受けた技術的価値観と家族的価値観に由来するものだったとされている。また、前者は、ケン・オルセンや創業時のメンバーの多くが電子工学系のエンジニアであったことが関係していることも指摘されている。

もう少し具体的に同社の組織文化を紹介しておこう。DECでは、社員は自分が実現したいビジョンを持ち、起業家精神をもって自らビジョンの実現を図るものとされていた。その中心的な価値観としてたびたび言及されている「正しいことをやれ（Do the right thing)」は、個人の責任を強調すると同時に自律を支持するものであった。

「衝突による真実の追求」も、エンジニアの個人主義を反映したものとして挙げられる。シャインがコンサルタントとして毎週のようにミーティングに出席していたときに、そこでの参加者間の対立や激しい口論に驚かされたことが紹介されている。それは対立や論争を通じて真実が発見されるという信念の反映だったと解釈されている。

また、これらの基本的な前提認識から派生した製品や顧客に関する暗黙的な仮定として、優れた製品はおのずと売れるはずであるという技術者としての傲慢さや、どの製品を優先するか判定するには自社製品を競わせ、どれが勝ち残るかを市場に委ねればよいという考え方などが挙げられている。

こうした価値観や信念が社員をエンパワーし、イノベーションが促進されることで初期のDECの躍進につながり、それらの価値観や信念が基本的な前提認識として定着した。その一方で、生き残れるビジネスを創造し、維持するための商業的もしくはビジネス遺伝子が欠如していたことが指摘されている。

†組織文化がもたらした衰退

しかし、その成功によって組織が年々大規模化するなかで、組織文化のさまざまな要素が何を意味し、どのような行動や結果を導くかが次第に変化していった。市場が拡大し、同社の製品やサービスも急増するに従い、組織内での調整や優先順位を決める必要性が高まった。だが、「正しいことをやれ」という中心的な価値観は、「上司や本社が指示したことをやらなくてもいい」という態度を正当化することにもつながった。

真実が激しい議論によってもたらされるのは、社員が互いのことをよく知っており、象徴的な意味での父親としてのケン・オルセンがパワーと知恵を発揮する小家族的な関係性が成り立っているからこそだった。組織が大規模化し、さまざまな部門が一種の部族を形成するようになれば、議論は集団の利害を反映した政治的なものになり、真実をもたらすものとは限らなくなる。さらに、そうした議論は、部門間の対立を強めるようにも作用した。

大規模化した組織を管理するためのさまざまな組織再編や管理手法の導入が試みられたものの、確立された組織文化ゆえに、そうした試みは功を奏しなかった。一方、市場は、DEC自身がもたらした技術変化によって変化が加速しており、新たな競争が生み出された。その後、デファクトスタンダードの地位を獲得したIBM‐PCへの対応をはじめとしたパラダイム3への移行に対応するためには、経営資源を効果的に投入するといった戦略的な対応がDECにおいても不可欠になっていた。

しかし、それを推進するための商業的・ビジネス遺伝子がDECには欠けていた。たとえば、さまざまなプロジェクトの優先順位は定められることなく、相変わらず市場にその選択が委ねられた。また、不採算になった製品ラインの打ち切りがなされない一方で、パラダイムの転換により勃興したこれまでの顧客以外の新しいマーケットを開拓するために必要な部門間の摩擦解消も進まなかった。

さらに、家族主義的な価値観ゆえに人員整理なども避けられた。経営者たちがまったく手をこまねいていたわけではなく、上級幹部たちの話し合いや新たな管理手法の導入などの施策は試みられたものの、それらは効果をもたなかった。

業績不振を受けて一九九二年にケン・オルセンが辞任すると、後任のCEOは事業売却や大規模な人員整理、新たな管理手法の導入などを実施し、社外出身の上級幹部が就任したものの、すでに手遅れだった。このように、初期の成功によって確立された組織文化が、市場の変化やそれに対応しようとした公式組織の変革の受け入れを阻むようにはたらき、一九九八年にはコンパックに買収されてDECは消滅した。

†エンジニアリング・カルチャー

共有された組織文化が組織の長期的な存続や成長に大きな影響を及ぼすという強い文化論は、さまざまな著作（たとえば、コリンズとポラスらによる『ビジョナリー・カンパニー』シリーズ）を通じて実務界に定着しており、経営課題として組織文化のマネジメントが挙げられることが少なくない。そうしたなかで、組織文化のマネジメントがはらむ危うさを指摘する研究もなされているが、その代表的研究もまたDECを舞台にしたものであった。

その研究とは、ギデオン・クンダによる *Engineering Culture*（邦題『洗脳するマネジメント——企業文化を操作せよ』）であり、同書は一九九二年に出版された（邦訳は二〇〇五年）。クンダは、DECが絶頂期にある時期（一九八五年）に約一年間、週に三回以上フルタイムで同社に出入りするという、文化人類学でしばしば用いられる研究手法を採用し、研究テーマを明らかにせずにDECの多くの社員と交流しつつ観察を行った。なお、クンダは当時、シャインが教授を務めているMITの経営大学院の大学院生であった。

原題は、DECの文化（同書のなかではテック社）が、同社で中核的な存在として位置づけられているエンジニアによる、エンジニアのための文化であることを示すとともに、同社がいかに文化をエンジニアリング（マネジメント）しようとしていたかという同書のテーマを表現している。同書で詳細に述べられているように、DECは自らの組織文化をエンジニアリングする専門の部署を設置し、研修や講演、儀礼などのさまざまな方法を通じて、従業員への文化の定着を図っていた。クンダは、文化のマネジメントを、組織メンバーの思考や感情を統制することで彼らの努力を引き出し、方向づけしようとする規範的統制であると批判的に捉え、自律や自由をコアとした同社の文化が、従業員のバーンアウト（燃え尽き）を引き起こしたりしていたことなどを、彼が接した社員の発言を引用しつつリアルに描写している。

このようなDECを舞台とした組織文化への批判的な研究も参照することで、本書『D

ＥＣの興亡』の内容、さらには組織文化に対する理解もより深まることだろう。

Edgar H. Schein with Peter S. DeLisi, Paul J. Kampas, and Michael M. Sonduck, *DEC Is Dead, Long Live DEC: The Lasting Legacy of Digital Equipment Corporation*, Berrett-Koehler Publishers, 2003.
『ＤＥＣの興亡――ＩＴ先端企業の栄光と挫折』稲葉元吉・尾川丈一監訳、亀田ブックサービス、二〇〇七年。

17 カール・ワイク『センスメーキングインオーガニゼーションズ』

──センスメーキングの手がかりとして

（原著刊行 一九九五年）

†センスメーキングとは

タイトルにあるセンスメーキング（sense making）とは、make sense という慣用句の名詞形である。make sense という慣用句は、"(Does it) make sense?"（わかりましたか？）、"That doesn't make sense!"（意味不明！）といったような用法でよく用いられる。

ところで、本書をざっと読んで"It makes sense!"（わかった、納得した！）と言える読者は、なかなかいないはずである。著者であるワイクの博覧強記の発揮や、詩が突然引用されるといった独特なスタイルは、近い分野の研究者以外のセンスメーキングをかえって妨げているような気がしなくもない。

もっとも、本書の理解の難しさに本質的に関わっているのは、現実世界についての暗黙の前提である。現実世界が客観的に存在しており、それを正確に理解すべきという、実務界のみならず社会科学においても一般的であるスタンスをワイクは採用しない。そうではなく、ワイクは本書によって、認知（センスメーキング）と社会的現実の間のダイナミズム、すなわちセンスメーキングによって現実が構成され、同時に社会的に構成された現実がセンスメーキングを刺激し行動を促すといった循環的な関係性に注目することに読者を誘おうとしている。それゆえに、世界が客観的に存在するという「常識」から外れようとしないと、なかなか本書をセンスメーキングできない。

以下では、本書のセンスメーキングの助けになりそうな「手がかり」となる概念や事例を三つ紹介することにしたい。

†自己成就的予言

本書では先に言及したような認知と行動の間のある種の循環が扱われているが、それに関係する概念として複数の章で言及されている自己成就的予言を、最初の手がかりとして取り上げよう。ちなみに、自己成就的予言（もしくは予言の自己成就）は、筆者（高尾）が学部生のときに社会（科）学の面白さを最初に知るきっかけになった概念だった。

予言の自己成就とは、第2章のウェーバーの項（⇩5）で取り上げた「官僚制の逆機能」

の提唱者である社会学者ロバート・マートンが提示した概念である。「もし、人々が状況をリアル（現実）であると決めれば、その状況は結果において現実である」というトマスの公理から、予言（状況の定義）が現実に影響を及ぼした結果、予言が現実化しうることをいくつかの事例を用いて説明している。

そこで挙げられた事例の一つは、一九三二年の旧ナショナル銀行の支払い不能の噂である。「その銀行が危ない」という噂が広まり、預金者が自分の預金の引き出しに殺到することで、実際にその銀行が支払い不能になった。ちなみに、日本でも一九七三年に経営状況が安定していた豊川信用金庫において、女子高生の電車内での冗談を発端に、そうした取りつけ騒動が生じたことがある。

マートンは、「嘘から出た実《まこと》」のように、予言の自己成就のプロセスが誤った状況の定義から始まると捉えている。それに対してワイクは、それが誤っているかどうかにかかわらず、将来に対する予期を出発点として現実を捉えようとする現象として自己成就的予言を一般化し、「自己成就的予言がセンスメーキングの基本的行為」であると述べている。

たとえば、企業が将来ビジョンを立てる際には、足元の現実の延長線上にあるものにしないほうがよいと言われる。しかし、そうした助言に基づいて立てられた壮大なビジョンは、ここでいう予言とほとんど見分けがつかないものかもしれない。もちろん、ビジョンを設定すればそれが実現するわけではない。そのビジョンをもとに現実を捉え、ビジョンにコミットする人たちが増えることで初めてビジョンは実現するのだが、その実現過程と自己成就的予言には多くの共通性を見いだせるだろう。

†ピレネーの地図

ワイクは、センスメーキングの七つの特性として、センスメーキングが「アイデンティティ構築に根付いた」、「回顧的」で、「有意味な環境をイナクトする」（イナクトについては後ほど取り上げる）、「社会的」で、「進行中」の、「抽出された手がかりが焦点となる」、「正確性よりももっともらしさ主導」というプロセスであることを挙げている。それらの特性を理解するために、二つの事例を紹介する。最初に紹介するのは、ワイクのセンスメーキング理論を紹介する際におそらく最も引用される次のエピソードである。

ハンガリー軍の偵察部隊がアルプス山脈の雪山で二日間吹雪に見舞われて遭難し、三日目に無事戻ってきた。その隊員たちは、「これで終わりかと思ったときに、隊員の一人がポケットから地図を見つけた。そのおかげで冷静になり、野営して吹雪をやりすごし、地図で帰り道を見つけた」と上官に報告した。その上官がその地図をじっくり眺めたところ、アルプス山脈の地図ではなく、ピレネー山脈の地図だった。

センスメーキングが問題になる状況の一つとして危機的な状況が挙げられており、このエピソードはまさにそれに当てはまる。遭難して途方に暮れたときに、地図という、環境を読み解く手がかりが与えられ、それによって帰還に向けた行動が活性化された。

これは、センスメーキングの七つの特性の一つである、「抽出された手がかりが焦点となるプロセス」であることを説明する箇所で挙げられたものである。地図を見つけたことをきっかけにその部隊が動き始めると、外界からさまざまな手がかりを得て、それと地図を照らし合わせることで、現在地が右も左もわからないと思っていた場所ではなくなるように、「有意味な環境がイナクト」された（環境が意味あるものとして捉えられるようになった）。

言うまでもなくその地図は正確ではなかったのだから、観察できる地形と地図が一致するはずがない。したがって、進軍しつつ（「進行中」）、さっきはA地点にいると思っていたが実はB地点にいたはずだ、というように「回顧的に」地図の読み取りも変化させることで、もっともらしさを生み出していたと考えられる。このように、このエピソードは「正確性よりももっともらしさ主導のプロセス」の説明にも用いることができる。

吹雪で遭難している局面だと客観的な環境を把握できないために、センスメーキングは必要だろう。しかし、そこまで危機的な状況でなければ、正確な情報を集め、環境を客観的に把握するほうが重要なのではないかと思われた読者もおられるかもしれない。そこで、本書の第3章で詳しく紹介されているジョセフ・ポラックらが分析したホーイック地方のニットウェアメーカーの事例を用いて、センスメーキングが絶えずなされていることを示すことにしよう。

†ホーイック地方のニットウェアメーカー

ホーイック地方はスコットランド南部のニットウェアメーカーの集積地として有名である。それぞれのニットウェアメーカーは、同地方の同業者とくらべて製品のカラーやデザインなどに象徴される独自のアイデンティティを持っている。それと同時に、彼らは「クラシック・エレガンスの範囲でハンドメイドの最高級のニットウェアをつくっている」という集合的なアイデンティティを共有している。

この地方のメーカーは長い歴史を持つがゆえに、その生産手法は伝統的で、労働集約的な手仕上げを採用していた。ニット業界全体において自動編み機などの生産手法の革新がなされるなかで、これまでの販売経験や手仕上げへのこだわりという手がかりをもとに、クラシックな最高級のニットウェア産地であるというアイデンティティが構築され、同地方のメーカー間の相互作用によってそうしたアイデンティティが共有されるようになった。

同地方のメーカーは、そうした集合的アイデンティティを反映した事業定義を採用し、それに適合した代理店を雇うようになる。そうした代理店はメーカーの意向に合う小売店に商品を卸し、小売店は最高級品を求める顧客に販売する。そして、このようなバリューチェーンがホーイック地方のニットウェアメーカーにとっての環境になる。それは集合的アイデンティティを踏まえたものであると同時に、そのバリューチェーンから得られる情報、すなわち手がかりは、アイデンティティを維持するようにはたらく。

マーケティング論や戦略論では、まずマーケットを精緻に分析し、そのうえで自社のポジショニングを決めることが推奨されるが、ホーイック地方のニットウェアメーカーたちはそうした「正確性」に基づいて集中戦略を採用したというよりも、「もっともらしさ」主導で事業の定義を行い、彼らにとって有意味な環境が生み出された（イナクトされた）。その結果、彼ら自身はホーイック地方の同業者しか競争相手はいないという「認知的寡占」に陥っているとポラックらは分析している。

多くの企業では、しばしば自社の事業の定義や競合他社を自明なものとしているが、それらはどのように決定されたり、認識されたのだろうか。そのプロセスを振り返るならば、ホーイック地方のニットウェアメーカーと同じようなセンスメーキングが多かれ少なかれ見いだされるだろう。

このように、センスメーキングは組織の成立にとって最も基礎的なプロセスと関係している。本書をすべて読み解くことは大変難しいが、拾い読みするだけでも組織やその環境を捉える新たな視座を得ることができるだろう。

Karl E. Weick, *Sensemaking in Organizations*, SAGE Publications, 1995.
『センスメーキングインオーガニゼーションズ』遠田雄志・西本直人訳、文眞堂、二〇〇一年。

第5章 組織におけるプロセスと人

第5章は、プロセスへの注目やミクロな視点から組織を捉えた六つの著作を取り上げている。マーチ&オルセン『組織におけるあいまいさと決定』は、あいまい性が高い状況での意思決定プロセスの記述に役立つ新たなモデルを提示している。ベイザーマン&ムーア『行動意思決定論』は、意思決定で用いられている簡便な方法（ヒューリスティック）とそれによって生じるバイアスについて詳しく紹介している。

ミクロな視点で組織にアプローチすれば、おのずと人に注目することになる。ハーズバーグ『仕事と人間性』は、組織の現場でしばしば問題となるモチベーションについて、新たな視座を提示している。ミンツバーグ『マネジャーの仕事』は、組織の要ともいえるマネジャーが実際に何をしているのかを、実態調査をもとに整理した。バダラッコ『静かなリーダーシップ』は、リーダーシップの担い手を広げるような見方を、事例をもとに紹介している。最後に、カンター『企業のなかの男と女』は、昨今の女性活躍推進とも深く関わるような理論的示唆を提示している。

18 ジェームズ・マーチ&ヨハン・オルセン『組織におけるあいまいさと決定』（原著刊行 一九七六年）

――ゴミ箱モデルから意思決定を見る

†意思決定の規範的モデルと記述的モデル

ビジネススクールの経営組織論の講義ではさまざまな理論枠組みを取り上げるが、本書で紹介されているゴミ箱モデルの受講生からの評判は、授業直後には良くないことが多い。しかし、最終回に全体を振り返ってもらうと、強く印象に残ったという感想が得られることが多いのもこのゴミ箱モデルである。

詳細は後ほど取り上げるが、ゴミ箱モデルとは、あいまいな状況における組織の意思決定プロセスを扱った記述的モデルの一つである。その特徴を理解するには、まず記述的モデルと規範的モデルの違いを確認しておく必要がある。規範的モデルとは「このようにすべき」であることを提示するモデルであり、記述的モデルは「このようになっている」ことを説明するモデルである。

意思決定についての典型的な規範的モデルは、次のようなものである。まず、問題を認識し、問題を解決できるありうべき選択肢を挙げ、それらの選択肢を期待効用に基づいて評価し、最も高い評価を得たものを選択する。よりよい意思決定を行うためにはこのようなプロセスを丁寧に踏むべきであるとされているがゆえに、規範的モデルと呼ばれる。

こうした意思決定の規範的モデルは、それとは知らず日常的な決定や判断でも適用されていることが少なくない。たとえば、部署に欠員が出て仕事が回らなくなったとする。その問題に対処する方法として、他部署からの異動で補充する、新規採用で補充する、業務のアウトソーシングをする、業務を縮小するなどの選択肢を挙げ、それぞれのメリット、デメリットやリスクを評価して、いずれかの選択肢（たとえば、新規採用）を選び、さらに同様のプロセスを適用して応募者の評価などを行い、後任を採用するといった具合である。

第1章で挙げた（マーチ&）サイモンは、人間の合理性の限界を踏まえ、最適基準の選択ではなく満足基準で選択していることが多いことを指摘したという意味で、現実の意思決定を描写した記述的モデルとみなすこともできる。先ほどの例に戻れば、募集活動への応募者が三名しかいなかった場合でも、ある程度の水準を満たしている候補者がいればそのなかから採用し、応募要件を最も満たす理想の候補者を探そうとしないということである。もっとも、(マーチ&)サイモンは上述のような規範的モデルを否定したというよりは、満足基準を適用して規範的モデルが現実的な形で用いられていることを示したと考えることもできる。

†ゴミ箱モデルとは

一方、ゴミ箱モデルは、組織において実際に行われている意思決定が、必ずしも規範的モデルに従っているわけではないことを記述するための理論枠組みである。

ゴミ箱モデルでは、選択機会、参加者、問題、解という四つの要素に基づいて意思決定を抽象化する。ゴミ箱とは、選択機会のメタファーであり、選択を迫られる機会のことである。選択機会の典型としては定例的な会議などを思い浮かべればよいが、参加者・問題・解というその他の三つの要素が集まればそれも選択機会になりうる。たとえば、同じ部署の人たちと雑談しているなかでその部署が直面している問題が話題になったとき、たまたま通りがかった他部署の人が解決の糸口になりそうなアイデアを何気なく提供したという場面も、選択機会として捉えることができる。

以上の四つの要素を使って先に挙げた規範的モデルの流れを確認しよう。「問題」が認識され、その解決に貢献できる「参加者」が集められて「選択機会」が形成され、その場で問題に対する「解」が創出されていれば、規範的モデルの流れに沿っているといえる。これにほぼ対応するように、会議などで問題の提示から解の創出へと秩序だった順序で物事が解決に進むことも多くみられる。こうしたケースについては、選択機会に問題・解が流れ込み、そこに参加者のエネルギーが投入されることで、問題に対して解が結びつくという問題解決型決定がなされたと、ゴミ箱モデルでは捉える。

それに対して、環境のあいまい性が高い場合、選択機会・参加者・問題・解が、そのような秩序だった順序でつながらないことがある。選択機会をゴミ箱に喩えているのは、無秩序に色々なものが一か所に集められることを想起させるためである。

たとえば、定例の会議（選択機会）のタイミングが悪かったりすると、その時点では問題がさほど顕在化しておらず、それが会議で扱われず見過ごされてしまうことがある。ゴミ箱モデルでは、こうしたケースを「見過ごし」と称する。また、問題があまりに大きすぎたり、負荷がかかるものである場合、参加者のエネルギーが不足しているためにその会議の場でやり過ごされてしまい、そのうち他のプロジェクト（選択機会）でその問題を扱われるようになるといったことがあるかもしれない。これは、「やり過ごし」とゴミ箱モデルでは呼ばれる。

著者らのシミュレーションによれば、問題解決型決定よりも、問題の「見過ごし」や「やり過ごし」のほうが多いとされている。組織の現場でも、さまざまな案件が扱われるプロセスを細かく追っていけば、問題解決型の決定のみによって処理されているわけではなく、意外に「見過ごし」や「やり過ごし」が生じているのではないだろうか。

このように、「問題（認識）から解決へ」という、われわれが常識と考えている意思決定や問題解決の流れを当然とみなさないために、ゴミ箱モデルは奇抜に感じられたり、難解であるように思われたりしている。しかし、問題と解がセットでなく、バラバラに浮上することはよくみられる。たとえば、本書を執筆している時点ではChatGPTなどの生成型ＡＩが大きな話題となっており、これをいかにビジネスに活用するかといった記事が散見されるが、これなどもまさに生成型ＡＩの利用という解が先にあって、それに合う問題を探している状態といえる。

†ゴミ箱モデルの応用

著者らは大学についての組織研究からゴミ箱モデルの着想を得たとされているが、企業組織におけるさまざまな場面にゴミ箱モデルを適用した研究もその後なされている。ここでは日本での研究を少し紹介しよう。

高橋伸夫は、ゴミ箱モデルにおける問題のやり過ごしから着想を得て、社員の「やり過ごし」に光を当てている（『できる社員は「やり過ごす」』日経ビジネス人文庫、二〇〇二年）。

ここでいう「やり過ごし」とは、上司から指示があったにもかかわらず部下がその指示を実行しないことである。官僚制に代表されるような公式的な組織構造では、部下は上司の指示に従うことが当然とされている。もちろん多くの場合には部下は上司の指示に従うが、上司の指示があいまいだったり、仕事の進め方についてあいまい性が高い場合には「やり過ごし」が生じやすく、場合によっては「やり過ごす」ほうが合理的であることが主張されている。たとえば、上司が異動してきたばかりで、部下にかかる負荷に対して想像力が及ばずあいまいな指示をした場合などは、部下がその指示をやり過ごすことが組織の円滑な運営に資することもあるだろう。

また、田中政光『イノベーションと組織選択』（東洋経済新報社、一九九〇年）は、イノベーション創出プロセスの検討にゴミ箱モデルを活用している。

たとえば、3Mによるポストイットの開発プロセスにゴミ箱モデルが当てはめられている。ポストイット開発のきっかけは、スペンサー・シルバーが接着性の高い物質を開発しようとしたものの、逆にはがれやすい物質を見つけたことである。当初の目的からすると失敗の結果として見いだされたのだが、開発者であるシルバーはこの材料にこだわり続けた。彼は五年間にわたり、社内のセミナーといったさまざまな「選択機会」でこの材料(「解」)を提示し続けた。その後、彼は新たなベンチャー・チームと関わるようになり、そのメンバーの一人であるアート・フライが讃美歌に挟む栞《しおり》が滑り落ちるという「問題」にこの材料を使えることをひらめいた。このように、ゴミ箱モデルを用いて一直線に進まないイノベーション創出のプロセスが説明されている。

†あいまい性と意思決定

すでに言及したように、ゴミ箱モデルはあいまい性が高い状況での意思決定を記述すべく提唱された。本書では、あいまい性という言葉は、組織の目的が首尾一貫しておらず、矛盾していたり、原因と結果の関係が明晰でなかったり、過去の解釈が揺れ動いたりすることなどを指している。近年、環境変化を捉えるキーワードとして「VUCA」が言及されることが多くなっているが、最後のAはまさにあいまい性(Ambiguity)である(その他の三つは、Volatility:変動性、Uncertainty:不確実性、Complexity:複雑性)。VUCA時代といわれる現代では、ゴミ箱モデルを、意思決定をはじめとした組織プロセスを理解するためのレンズの一つとして活用できる場面が増えているのではないだろうか。

ここではゴミ箱モデルにのみ焦点を当てたが、本書ではあいまい性が高いなかでの組織の不完全な学習サイクルのモデルなども示されており、あいまい性が高い環境下の組織を理解するための多くの手がかりを提供している。

James G. March and Johan P. Olsen, *Ambiguity and Choice in Organizations*, Universitetsforlaget, 1976.
『組織におけるあいまいさと決定』遠田雄志／アリソン・ユング訳、有斐閣選書R、一九八六年。

19　マックス・ベイザーマン＆ドン・ムーア『行動意思決定論』

――ヒューリスティックが招く落とし穴

（原著刊行　一九八六年）

†合理性の限界のさらなる探求

第1章のサイモンの項（⇒2）やマーチ＆サイモンの項（⇒3）で取り上げたように、現代の組織論では合理性の限界が前提とされている。人間のもつ合理性には限界がある以上、どのような意思決定であれ、ありうべき選択肢をすべて列挙し、それらを統一的な基準で評価して最善の結果をもたらすものを選びだすことは不可能である。

そのため、これまで見てきたように、現実の意思決定では、最善の結果を追求する最適基準ではなく、これくらいなら一応満足できるという選択肢が見つかったらそれを採用するという満足基準が適用されている。そうした意思決定においては、短時間でかつ少ない労力で判断するために単純化した方法、すなわちヒューリスティックが用いられることが多い。

これまでに、さまざまなヒューリスティック（単純で直感的な判断方略）が、見いだされている。その一つである利用可能性ヒューリスティックは、自分の入手しやすい情報や、思い出しやすい情報に頼って判断するものである。どこで昼食をとるか決める際に、ぱっと思いついた店に向かうことにしたり、ネットで検索して最も上位に出てきた店に決めたりするのは、その適用とみることができる。

このようなヒューリスティックに頼れば最適（に近い）解が導かれないことは当然だが、手間をかけず満足できるような選択ができるので良いといえるかもしれない。しかし、ヒューリスティックを用いるがゆえに意思決定に系統的なバイアス（偏り）が生じていることが次第に知られるようになり、ヒューリスティックやそのバイアスをめぐって多くの研究がなされるようになった。

そうした研究から得られた知見の集積は、経済学を中心とした社会科学全般では行動経済学と呼ばれることが多いが、そうした知見を組織や経営における意思決定に当てはめ、その改善を図ろうとしたのが本書である。

†コミットメントとエスカレーション

本書では、一般的なバイアス、覚知の限界（情報の見落とし）、フレーミング、感情、コミットメントとエスカレーション、公正と倫理、交渉といったさまざまな角度から意思決定やそれにまつわるバイアスにアプローチしているが、すべてを紹介することができないので、組織においてしばしば問題になるコミットメントとエスカレーションに絞って取り上げる。

まず、次のシナリオを読んでいただきたい（本書一六四ページに掲載されているものを改変）。

あなたは投資会社の役員で、昨年、あるスタートアップ企業に二〇〇万ドルを投資することを決めた。社内には、その投資に懐疑的な見方もあったがあなたは見込みがあると考えて、投資するという判断を下した。投資から約一年経った昨日、そのスタートアップ企業の社長が訪ねてきて、次のように言った。「良い知らせと、悪い知らせがあります。悪い知らせは、会社の資金繰りがうまくいっておらず、追加の資金がないと倒産してしまい、投資された二〇〇万ドルは回収できなくなります。良い知らせというのは、御社が一〇〇万ドル追加投資してくれると、発明品の欠陥を改良できて、大成功することは間違いないということです」。あなたは追加の投資をしますか？

あなたの答えは、追加の投資をする／しない、のどちらだろうか。

どちらがより合理的な意思決定であるかは、これだけの情報ではもちろん判断できない。しかし、合理的な判断をするための手がかりとなる考え方は会計学者や経済学者によって古くから示されている。それが埋没コスト（サンクコスト）という考え方であり、すでに投資したコストや時間は回収不能なものであって、将来の行動を選択する際には考慮してはならないとされる。

しかし、埋没コストは無視すべきであるということが知られていても、実際には特定の行動にコミットした意思決定者、このシナリオだとスタートアップ企業への投資の決定者は、コミットメントを継続したり、その投資を正当化するような追加投資（エスカレーション）を行いがちである。

こうしたエスカレーションに最初に注目した研究者の一人であるバリー・ストーは、エスカレーションの根底にあるメカニズムは自己正当化であると論じた。自分の意思決定に対するネガティブなフィードバック（追加資金がないと倒産してしまう）は、投資すべしという最初の判断と不協和を起こす。こうした不協和を無意識的に解消するために、最終的に成功すると信じ、追加投資を行うというエスカレーションが生じるのだ、という説明がなされている。

†フレーミングの影響

この他にも合理的でないエスカレーションを招きうる原因が挙げられている。その一つが記述的な意思決定アプローチでよく言及されるフレーミングの効果である。

行動経済学のパイオニアの一人であり、ノーベル経済学賞を受賞したダニエル・カーネマンによると、フレーミングの効果とは、問題の提示の仕方が考えや選好に不合理な影響を及ぼす現象である。たとえば、重篤な疾病の治療について複数の治療法から選択することを主治医から迫られるときに、ある治療法について「直後の生存率は九〇パーセント、一年後の生存率は六八パーセント、五年後の生存率は三四パーセントです」と説明されるのと、「直後の死亡率は一〇パーセント、一年後の死亡率は三二パーセント、五年後の死亡率は六六パーセントです」と説明されるのでは、その治療法に対する印象は大きく異なったものになる。このように問題を生存というポジティブサイドから捉えるか、死亡というネガティブサイドから捉えるかというフレーミングが意思決定に影響を与える。

フレーミングの効果を説明するプロスペクト理論では、ポジティブにフレーミングされた問題ではリスク回避的になり、ネガティブにフレーミングされるとリスク選好的になることが示されている。そのため、自分が投資決定した資金が失われるかもしれないと感じると、追加投資のリスクを取ろうという傾向が高まる。

プロスペクト理論は行動意思決定論の中心的な理論の一つであり、それを正確に理解することは意思決定をより良くするために役立つ。ここでは詳しく紹介できないが、プロスペクト理論については、先に言及したダニエル・カーネマンが著した『ファスト＆スロー』を参照することをお勧めしたい（ハヤカワ文庫、二〇一四年。なお、プロスペクト理論については下巻で取り上げられている）。

本書ではエスカレーションが生じるその他の原因として、自ら投資を決定した場合には、ネガティブな情報よりもポジティブな情報に目を向けがちになるという、知覚のバイアスの影響や、一貫した判断をしているほうが周囲から評価される傾向があるがゆえに体面を保つためにコミットする、といった印象管理の影響も挙げられている。

このように投資決定に人間の心理が影響していることが幅広く知られるようになったことから、近年では、行動ファイナンスという研究領域が拡大し、その知見は投資管理の現場にも取り入れられている（本書の第8章でも取り上げられている）。

†倫理の限界

人間心理の実態を踏まえると、埋没コストは無視すべきであるといった、関連知識や規範を教え込むだけでは意思決定の質は改善しない。それは、投資に典型的に見られるような合理性が重視される決定に限らず、倫理的な事柄に関する決定においても同様である。

本書の主著者であるベイザーマンは、合理性の限界をもじって、「倫理観の限界」という言葉を提唱している。ヒューリスティックに頼って判断することで無自覚でも系統的なバイアスが生じているのと同様に、倫理的であろうと努めている高潔な人物であったとしても、人であればいつの間にか倫理的に問題がある行動に手を染めてしまうことがあるということを表現しようとした言葉である。

近年、コンプライアンス違反や企業不祥事が話題になることが多いが、そうした問題が露見した際には意図的に非倫理的な行動をとろうとした悪者を探し、そうした悪者を排除しさえすれば組織の倫理性は保たれるかのように議論されることが少なくない。しかし、人なら誰しも倫理感の限界を有しているとするならば、異なるアプローチをとる必要がある。本書の主著者であるベイザーマンは倫理的意思決定を主題とした書籍をその後も次々と公刊しており、邦訳があるものでは『倫理の死角——なぜ人と企業は判断を誤るのか』

（NTT出版、二〇一三年）が挙げられる。倫理の限界を完全に乗り越えることはできないものの、倫理的な問題行動を少しでも減らすことに関心があれば、本書の第7章「意思決定における公正と倫理」に続いて、こうした著作を参照してみるとよいだろう。

Max H. Bazerman, *Judgment in Managerial Decision Making*, Wiley, 1986.
『行動意思決定論――バイアスの罠』長瀬勝彦訳、白桃書房、二〇一一年（二〇〇八年刊行の原著第七版の邦訳）。

20 フレデリック・ハーズバーグ『仕事と人間性』

——動機づけ要因としての仕事内容

（原著刊行 一九六六年）

†ハーズバーグの動機づけ—衛生理論

組織論に関心をもつ本書の読者には、おそらく『ハーバード・ビジネス・レビュー』（*Harvard Business Review*）という雑誌をご存知の方も多いだろう。同誌は、ビジネスに関する学術的研究の成果を経営者・管理者をはじめとした実務家に伝える最も著名な媒体の一つである。

同誌に掲載された記事は、現在でインターネットを通じて（有料で）ダウンロードできるが、かつてはバックナンバーの記事はリプリントサービスによって入手することが少なくなかった。そのサービスが最も多く利用された記事が、一九六八年に掲載された"One more time: How do you motivate employees"であり、二〇〇三年時点で一〇〇万部以上を記録していたそうである。その執筆者こそ、本項で取り上げる『仕事と人間性——動機づけ―衛生理論の新展開』の著者であるフレデリック・ハーズバーグである。

まずは、同書の副題にある、ハーズバーグの主張する動機づけ―衛生理論がどのように生み出されたのかを紹介していくことにしよう。

ハーズバーグは、ピッツバーグにある企業で働くエンジニアと経理担当者あわせて約二〇〇名に対してインタビュー調査を実施した。インタビューでは、彼らに、並外れて良かった仕事経験と、逆に並外れて嫌だった仕事経験を両方語ってもらった。このような極端な経験を尋ねる手法は、臨界事象法と呼ばれる。

インタビューで集められた五〇〇例近い経験談を分類し、職務満足または職務不満足を導く要因が分析された。並外れて良かった仕事経験の語りから、達成、承認（認められること）、仕事そのもの、責任、昇進、成長の機会などが満足の要因として取り上げられた。一方、後者の並外れて嫌だった仕事経験からは、会社の政策（たとえばリストラなど）や管理の方法、監督や監督者との関係、物的な作業条件、給与や同僚との関係などが抽出され、それらが不満足に影響を及ぼしているものとされた。

前者は満足を通じてモチベーションにつながるという考え方に基づいて、動機づけ要因と呼ばれている。一方、後者の不満足に影響を及ぼすものが衛生要因と名づけられたのは、そこに含まれている物的な作業条件を想起すると理解しやすいだろう。

以上のように、満足の要因と不満足の要因が異なっているという結果からハーズバーグは、満足の裏返しが不満であるといった一次元的な理解が成り立たないと主張した。私たちは満足の反対が不満であると考えがちである。それに対して、ハーズバーグの主張は、満足と不満足が別の次元によって構成されており、異なる原因によって影響を受けているというものである。

たとえば、上司（監督者）や同僚との関係が良好で、給与もそこそこだったとしてもそれらは不満の低減には寄与するものの、仕事へのモチベーションを喚起するような満足の向上にはつながらないということを意味している。逆に、仕事そのものが充実しており達成感を得られた状況だとしても、上司の監督スタイルとの相性が悪かったりすれば、満足と同時に不満も高い水準に留まっていることがありうることを示唆している。

このように、満足と不満足を別の次元として捉えたことが、ハーズバーグの動機づけ—衛生理論の特徴の一つである。この理論が二要因理論と呼ばれることもあるのは、満足に影響を与える要因と不満足に影響を与える要因とを別々に捉えるべきであるという主張が含まれているためである。

もう一つの特徴は、職務そのものやそれに付随する責任や達成などを動機づけ要因と捉えたことである。「この仕事は達成感を感じにくいから、モチベーションが上がらない」といった言い方は今では当たり前だが、一九五〇年代ではそうした考え方は、少なくとも研究者や経営管理者の間では一般的ではなかった。給与や人間関係ではなく、職務に関わる要因が動機づけを高めるという考え方は、その後次第に定着したものである。

†二元論的人間観

動機づけ—衛生理論では職務満足と職務不満足を別物として捉えているが、それは人間が二種類の欲求を持っているためであるとされている。ユダヤ人であったハーズバーグは、旧約聖書を引用し、それぞれをアブラハム、アダムになぞらえている。

楽園を追放されたアダムには、痛みの回避といった人間の動物的本性から生じる欲求が帰属されている。こちらは、不満足に影響を及ぼす衛生要因の改善によって充たされる。これと対置されたのが、ユダヤ人の祖とされるアブラハムである。継続的な精神的成長によって潜在能力を発揮しようとする欲求がアブラハムに帰されている。言うまでもなく、こちらが動機づけ要因に関わるものである。

こうした二分法は、当時の行動科学的組織論にはよく見られたものであり、マグレガーのX理論、Y理論はその典型である。X理論、Y理論とは、経営学や経営実践における、人間と仕事の関係に関する暗黙の仮定を描写したものである。

X理論では、人間を次のように捉える。まず、普通の人はもともと仕事が嫌いであり、仕事をしたくない。したがって、強制されたり、命令されたり、脅かされたりしなければ、組織目標の達成に向けて力を発揮しない。また、人間は責任を回避したがり、野心をもたず安全を望む。

それに対して、Y理論は、人間について以下のような考え方をとる。普通の人間は生まれながらに仕事が嫌いというわけではなく、条件次第で仕事は満足感の源泉にもなり、自らコミットした目標の達成のために自らを統制して働く。目標にコミットするかどうかを大きく左右するのは、その達成によって自我の欲求や自己実現の欲求の満足という報酬が得られるかどうかである。また、普通の人間も条件次第では責任を自ら引き受けようとするし、工夫や創意を発揮する能力を持っている。

容易に想像できるように、ハーズバーグやマグレガーにはマズローの影響がみられる。マズローの欲求階層説では五つの欲求（生理的欲求／安全の欲求／所属・愛情の欲求／自尊欲求／自己実現の欲求）が挙げられているが、それらは成長動機（自己実現欲求）と欠乏動機（その他の四つの欲求）に大きく分けられる。成長動機としての自己実現の欲求を最上位に置いたマズローの欲求階層説は、実証研究では支持されてこなかったものの、ハーズバーグやマグレガーへの影響からも見て取れるように、経営思想として大きな影響を及ぼしている。

†その後の展開

冒頭に挙げたようにハーズバーグの主張は実務界に大きなインパクトをもたらした。その背景には、主張の意外さ・明快さとともに、大規模な実証調査に基づいていたことも関わっている。ピッツバーグでの調査以降もハーズバーグは、何度も追試を行った。さまざまな職種での追試のみならず、当時は共産主義国であったハンガリーなどの労働に関する基本的な条件が異なる国でも追試を行い、全体としては動機づけ―衛生理論の基本的な主張が支持されたことが報告されている。

もっとも、その主張のインパクトゆえに、動機づけ―衛生理論に対しては多くの批判もなされた。とりわけ批判されたのは、例外的に良かった（嫌だった）経験の回顧に基づく臨界事象法の採用であった。この方法だと、調査協力者に防衛本能が働き、満足の原因を自分自身に求め、不満足の原因を外部の環境に帰するといったバイアスが働きやすいとの批判が早くからなされた。

実際のところ、ハーズバーグ以外の研究者による追試において、臨界事象法ではない方法（たとえば質問紙調査法）をとった場合には、職務満足と職務不満足の独立性という、この理論の核の部分が支持されないことが少なくなかった。

他にもさまざまな批判があったが、その一つは満足と生産性の関係は必ずしも強いものではないというものである。読者にとって意外かもしれないが、多くの研究結果を総合した結果、職務満足と生産性やパフォーマンスの関係は確かに正であることが多いが、その関係は弱いものであるというのが今では組織研究の定説になっている。

日本でもいくつかの追試がなされたが、動機づけ要因と衛生要因が独立的に作用しないという結果が見られた。また、特に大きな違いが見られたのは人間関係であり、衛生要因とされている人間関係が、職務不満足だけでなくしばしば職務満足の要因となりうることが示された。

このように二要因がまったく独立しているという主張については過度な一般化であると理解されているものの、第二の特徴として紹介したように、動機づけ要因として仕事そのものや責任などを取り上げたことは、その後の研究や経営実践に大きな影響を与えた。

二要因理論に基づいてハーズバーグは実務界に向けて職務充実化を提唱した。職務充実化とは、動機づけ要因を職務に反映することであり、従業員の仕事に対する責任を増やしたり、自然なまとまりが感じられる仕事のモジュールを与えたり、成長の機会になるような新しい仕事を導入したりすることである。

職務充実化は、当時の世界最大の通信会社であったAT&Tなどで採用され、効果が見られたことが報告されている。それは、テイラーの科学的管理法を源流とする産業工学的なアプローチ(⇩7)によって、業務の単純化・細分化が進行していたことに対するアンチテーゼでもあった。

また組織研究においては、動機づけ―衛生理論を踏まえて、仕事そのもののデザインを変化させることでワーク・モチベーションが高められるというジョブ・デザイン論が、その後確立された。代表的なジョブ・デザイン論の一つである職務特性モデルでは、自律性、スキル多様性、タスク完結性、タスク有意味性、フィードバックという五つの職務特性を抽出し、それらを高めるようなジョブ・デザインが従業員の内的なモチベーションを高めることが検証されている。さらに、近年では、従業員自らが自分の仕事をデザインするというジョブ・クラフティングという考え方も普及しつつある。

このように、ハーズバーグの動機づけ―衛生理論は、マグレガーなどの他の行動科学的組織論者による主張とともに、仕事とモチベーションに関する見方を大きく変化させたといえるだろう。

Frederick Herzberg, *Work and the Nature of Man*, World Publishing Co., 1966.
『仕事と人間性——動機づけ—衛生理論の新展開』北野利信訳、東洋経済新報社、一九六八年。

21 ヘンリー・ミンツバーグ『マネジャーの仕事』

——マネジャーは何をしているのか

（原著刊行　一九七三年）

†マネジャーは何をしているのか

本書の中心的な問いは、「マネジャーは何をしているのだろうか」である。日本でマネジャーというと、課長などのミドル・マネジャー層が想起されることが少なくないが、ここでいうマネジャーはもっと幅広い。組織全体もしくはそこに含まれる組織単位（たとえば、部や課など）を任されている人と定義されており、ミドル・マネジャーはもちろん、組織全体を統括するCEOから、現場を預かる職長まで含んでいる。

著者であるミンツバーグは、五名の経営者をそれぞれ一週間にわたってつぶさに観察し、マネジャーの活動が多様かつ断片的で、一つ一つの活動時間が短いといった特徴を把握し、そのうえでその仕事を一〇の役割に整理した。それら一〇の役割は三つのカテゴリー、すなわち対人関係、情報関連、意思決定に分類される（表21-1）。これらの役割の分類が本書の肝であることから、本書の紹介としてそれらを一つ一つ説明していくことにしたい。

なお、以下では、組織とはそのマネジャーの管轄下にある組織単位を指す。たとえば、課長であれば自分の課であり、社長であれば組織全体となる。

対人関係の役割

まず対人関係に分類されるのは、①「フィギュア・ヘッド」、②「リーダー」、③「リエゾン」である。①「フィギュア・ヘッド」は、肩書として組織を代表する役割である。儀礼的な行事に出席したり、そこで挨拶をすること、公式的な書類にサインをしたり、決裁のボタンをクリックするといったさまざまな活動が含まれる。筆者（高尾）のマネジャー（学部長）としての経験では、この役割に関わる内容を自分で変更することが難しいことが多く、思ったよりも時間が取られることも少なくない。

②の「リーダー」は、部下の動機づけや活性化に関

表21-1　マネジャーの10の役割

対人関係の役割	①フィギュア・ヘッド
	②リーダー
	③リエゾン
情報関連の役割	④モニター
	⑤周知伝達役
	⑥スポークスマン
意思決定に関わる役割	⑦企業家
	⑧障害処理者
	⑨資源配分者
	⑩交渉者

わる役割である。いわゆるリーダーシップに該当するような部下の鼓舞といったものだけでなく、部下の活動をチェックし、必要があれば介入するといったこともこの役割に含められている。管理職の悩みのなかで大きな比重を占める人事マター（人事考課、昇進・昇格、採用や解雇）も、部下の動機づけや活性化に関わることからこの役割に分類される。

③「リエゾン」は、自分の指揮下にある部下以外のさまざまな人々や部署との関係構築に関わる役割である。②が部下というタテの関係に関わる役割であるのに対し、こちらはヨコやナナメとの関係構築と対比できる。たとえば、隣の部署のマネジャー、日頃は接点はないが何かの際に支援を受ける部門、さらには組織外の人々など、幅広いネットワークを維持しようとすることといえる。

†情報関連の役割

第二のカテゴリーである情報関連には、情報の受信・発信に関わる三つの役割が含まれている。ここではマネジャーは神経中枢にたとえられている。まず④「モニター」は、組織や環境で何が起こっているかを理解するために、組織内外からさまざまな情報を入手するという役割である。定例的な情報も膨大に届くが、マネジャーの優位性はクチコミで伝えられる最新の情報を入手できることにあるとされている。

⑤「周知伝達役」は、組織内外から得た情報を組織のメンバーに伝達するものである。情報は、事実情報と価値情報に分類される。事実情報とはまさに事実に関する情報であり、価値情報とは、どうある「べき」かについての信念を扱うものである。もっとも後者も、「いまは成長よりも利益をとろう」といったように一般論で伝えられるよりも、「第二の選択肢のほうが、規模は小さくてもよりよい投資収益率が見込まれる」といった、特定の問題に対する個別的な回答で示されることが多いとされている。

⑥「スポークスマン」は、組織の計画、方針、結果などを情報発信するものであり、情報伝達の対象は組織内部と組織外部に分けられる。中間管理職であれば前者の主たる相手の一人は上司である。組織外部については、幅広いステークホルダーが含まれる（顧客、サプライヤー、同業者、業界団体、監督官庁、報道関係者など）。このように、三つの役割を通じて、マネジャーは組織の情報処理の要となっている。

†意思決定の役割

最後のカテゴリーである意思決定には四つの役割がある。⑦「企業家」は、組織を意図的に変革しようとすることであり、変革を始動し、その内容やプロセスをデザインするものである。なお、企業家と名づけられているものの、事業を創造するといった狭義の意味ではなく、変革をもたらすものといった広義の意味で用いられている。とりわけ近年、マネジャーに求められる役割としてクローズアップされているものだが、他のすべての役割も果たしながら「企業家」として変革を主導することは、いうまでもなく容易ではない。

⑦の「企業家」の役割がマネジャーによる能動的な行為に焦点が当てられているのに対して、⑧「障害処理者」は、予期せぬ出来事によって重大な障害が生じるなどの緊急事態に対応するといった、受け身的な役割である。たとえば、重大な不祥事が発生したときのように、いったん勃発するとマネジャーは自身の時間のかなりをそれへの対応に割かざるを得なくなる。

⑨「資源配分者」では、マネジャー自身の時間という希少な資源をどのように配分するかが最初に扱われている。なぜなら、それは組織の優先順位を設定していることに他ならないからである。他には部下の作業の割り当てや、部下の行動の認可を通じて、あらゆる種類の組織的資源の配分に関与する。

最後の⑩「交渉者」は、他の組織との主要な交渉の場において、組織代表として交渉にあたるというものであり、①の「フィギュア・ヘッド」、⑥「スポークスマン」、⑨「資源配分者」などの役割と関連している。

以上が一〇の役割の概要だが、これらの役割は独立しているのではなくゲシュタルト

（一つの全体）として捉えるべきであるとミンツバーグは主張している。

十の役割の評価とその後

本書の中心的な内容はミンツバーグが一九六八年にＭＩＴ（マサチューセッツ工科大学）に提出した博士論文に基づいているが、マネジャーの役割を語る際には必ずといってよいほど本書が参照されている。その意味で、本書はマネジャー研究の金字塔といえる。

本書がそのようなインパクトを持ったのは、実際の調査に基づいたリアリティのある描写とともに、複雑性の高いマネジャーの役割を、適度な抽象度でもって整理したことにあると考えられる。古典的な学説では、マネジメントとは「計画」「組織化」「命令」「調整」「統制」から構成されるとされていたのに対し、本書の一〇の役割は現実の活動と関連づけることが容易である。

もっとも、これらの役割は半世紀以上も前の調査によって抽出されたものであり、環境の変化が激しい現代にもおいても当てはまるのかという疑問が生じても不思議はない。ミンツバーグ自身は一九九〇年代になって、改めて二九名のマネジャーを観察するという再調査を実施した。その結果は、二〇〇九年に出版された『マネジャーの実像』で紹介されている（邦訳は二〇一一年）。そこでは、情報の次元、人間の次元、行動の次元からなるマネジメントの一般モデルが提唱されているものの、その内容は本書の一〇の役割に基づいており、環境変化を踏まえて内容が大きく改変されたというよりも、ミンツバーグ自身の思考の深まりによって再構築が図られたものである。

『マネジャーの実像』ではインターネットの影響についても論じているが、ミンツバーグは、インターネット（ここでは主に電子メール）はマネジャーの仕事を根本的に変えるものではなく、以前からある特徴を強化していると結論づけている。もっとも、マネジャーの役割を再検討した『マネジャーの実像』の出版からさらに一五年以上経過している。さまざまな技術革新によってインターネットをめぐる状況が大きく変化した今も、マネジャーの仕事の本質は変わっていないのかどうかという問題意識をもちながら、改めてマネジャー論の古典である本書をひもといてみると面白いかもしれない。

Henry Mintzberg, *The Nature of Managerial Work*, Harper & Row, 1973.
『マネジャーの仕事』奥村哲史・須貝栄訳、白桃書房、一九九三年。

22　ジョセフ・バダラッコ『静かなリーダーシップ』
――ヒーローだけがリーダーシップを発揮するのか

（原著刊行　二〇〇二年）

†身近に感じられるリーダーシップ

組織を語る際に頻出する言葉の一つがリーダーシップである。最近では、トップ層だけではなく、ミドル層に対してもリーダーシップを求める声が高まっている。とりわけ変革が必要とされる局面では、やや短絡的にリーダーシップが叫ばれるきらいがある。

そうした際に、ジョン・コッターによるリーダーシップとマネジメントの対比が言及されることが少なくない（『リーダーシップ論――人と組織を動かす能力（第2版）』ダイヤモンド社、二〇一二年）。それによれば、マネジメントとは複雑性への対処であり、いわゆるPDCAサイクルをしっかり回すことである。それに対して、リーダーシップは変化を推進することとされ、リーダーシップにはビジョンや針路を設定することや、モチベーションやインスピレーションを喚起することなどが含められている。

このようなリーダーシップの発揮は確かに現在の多くの組織で求められているものである。しかし、魅力的なビジョンを描き、献身的にその実現を図るという、こうしたリーダーシップの理想像は、多くの人たちにリーダーシップは自分とは無縁なものだと感じさせることにもつながっているように思われる。

一方、これまで組織論で積み重ねられてきたリーダーシップ研究は、必ずしも変革を主導するようなリーダーシップのみを取り上げてきたわけではない。「目的の設定やその実現における影響プロセス」とリーダーシップを幅広く捉え、仕事の構造化をはかったり、部下との間や部下間の人間関係に気を配ったりする、といった日常的な活動もリーダーシップの重要な要素と位置づけられている。

また、リーダーシップ研究では、リーダーシップの担い手を、トップや「長」と付く職位にある者だけに限定しないことも少なくない。たとえば、チームのメンバーが必要に応じて交替でリーダーシップを発揮するシェアド・リーダーシップといった概念なども提唱されている。

とはいえ、「長」と付く立場に就くと、リーダーシップを意識することが増えるのも確かである。実は、リーダーシップ研究をかつて手がけていたことがある筆者（高尾）においてもそうだった。本書を執筆中に、思いがけず学部長および大学院の研究科長を拝命することになった。

少し脱線するが、大学組織になじみがない読者のために大学の学部長の役割や位置づけについて触れておこう。学部長とは、商店街組織（組合）の理事長に近いのではないかと説明することがある。もしかすると、分譲マンションの管理組合の理事長にも近いかもしれない。誰かがその役割を務めなければならず、一人ひとりのメンバーは一国一城の主である。そのため、「長」だといっても企業や行政組織における部長や課長のように強い人事権（評価、異動、採用・解雇など）を持たないことが一般的である。ただし、企業組織などでもそうであるように、組織（大学や学部）によって権限の強さや範囲にはかなりのバリエーションがある。

もっとも権限がたいしてないように思っても、学部長のもとには大小さまざまな問題が持ち込まれ、何らかの判断を下すことが求められる。そうしたなかで、改めて手に取ったのが本書『静かなリーダーシップ』である。本書では、勇敢で高邁な理想のために自己を犠牲にして世界を変革するリーダーシップをヒーロー型モデルと呼び、それに対置する形で、自分のキャリアや評判を危険にさらすことなく小さな行動を積み重ねて問題を解決するような「静かなリーダーシップ」が取り上げられている。

†静かなリーダーシップの事例

静かなリーダーシップがどのようなものであるか感じ取ってもらうために、同書に登場する事例を少し取り上げてみよう。

第三章で登場する静かなリーダーは、ある銀行の支店長に新たに就任したガレット・ウィリアムズである。引き継いだ五五名の部下のなかには、顧客に失礼な態度をとっているという噂が立っている年配の窓口責任者（本人は年齢で差別されていると主張している）、すべてにおいて杓子定規な対応しかとらない業績の悪い融資担当者、ガンの手術からの復帰直後で生産性が低い融資部門のアシスタントなどが含まれている。赴任早々、ウィリアムズは本社の上司から業績向上のためのリストラを求められた。日本に比べて解雇によるリストラがよく実施される米国においては、きわめて例外的な事態というわけではない。

だからといって、解雇を伴うリストラが実践的にも倫理的にも簡単であるわけではない。また、部下の仕事に対する取り組み姿勢などを変えることも容易ではなく、考えるべきことはたくさんある。そこで、支店長であるウィリアムズは、対処のために時間を稼ぐ必要があることを認識し、問題社員を解雇した場合に生じうるリスクを回避するために本社の人事部門を巻き込むことで、時間稼ぎを行った。また、上司からの業績向上のプレッシャーを一時的に回避するために、上司が把握していないスラック（余裕資源）を活用するなどしてコスト削減を図ったように見せかけたり、リストラ以外の問題に上司の目が向くように仕向けた。

さまざまな手練手管で時間を稼いでいる間に、ウィリアムズは問題社員の明らかな規則違反を発見して、それを理由に解雇し、さらに別の社員には解雇をちらつかせることで奮起をうながしたりすることで、業績向上という上司の指示に対処することができた。

この他にも、影響力をもつ古参幹部のセクハラ疑惑に対する新任CEOの対応、グレーな用途での医薬品販売に対する営業担当者の対処、いい加減な視察によって高い評価を受けた被視察者の行動など、倫理的に単純ではない問題に直面した静かなリーダーの例が挙げられている。

もっとも、本書で取り上げられる事例は、文化的背景や時代などの違いもあり、必ずしも今の日本の読者にとってピンとくるものばかりではない（たとえば、十代のホームレス保護施設のボランティアや薬物中毒の妊婦に対する対処など）。しかし、ここまでの説明で静かなリーダーシップがどういったものか気になった読者であれば、馴染みのない事例をもとに、自分自身に降りかかった具体的な事例を思い出すことは容易だろう。

†静かなリーダーシップのガイドライン

本書のメインパートの各章（第一章～第八章）では、具体的な事例とともに静かなリーダーシップのガイドラインが提示されるが、扱われるガイドラインは各章のタイトルに現れている。それらを列挙すると、「現実を直視する」（第一章）、「行動はさまざまな動機に基づく」（第二章）、「時間を稼ぐ」（第三章）、「賢く影響力を活用する」（第四章）、「具体的に考える」（第五章）、「規則を曲げる」（第六章）、「少しずつ徐々に行動の範囲を広げる」（第七章）、「妥協策を考える」（第八章）である。

「賢く影響力を活用する」や「具体的に考える」のように、ヒーロー型モデルでも当てはまりそうなものもあれば、「時間を稼ぐ」や「妥協策を考える」のように、ヒーロー型モデルでは、否定的に捉えられそうなものもガイドラインとして入っている。

著者であるバダラッコも、これらのガイダンスは諸刃の剣であり、無策や安易で手っ取り早い方法の言い訳にされる危険を指摘するとともに、その応用は慎重に行うべきであると、何度も警告している。

また、本書で取り上げられた静かなリーダーの性格面の共通点として、自制、謙虚、粘り強さが挙げられる。自分が正しいと思うことや自らの感情をただちに表現したり行動に反映することは、ヒーロー型モデルではしばしば望ましいことだとされる。それに対して、本書では複雑な問題に対して創造的な解決策を探り当てるためには、自制や粘り強さが求められるとされている。同時に、謙虚さを有しているからこそ、現実の複雑さをしっかり受け止め、成功の可能性を過大評価せずに時間を稼ぎ、問題を深く掘り下げ、徐々に行動範囲を拡大するというアプローチを採用できると述べられている。

筆者（高尾）自身も、小さいながらもさまざまなジレンマを有する課題に直面するなかで、こうした特徴を少しでも身につけなければならないと自戒させられた。

†さまざまなリーダーシップ論

本書の副題は「正しいことを行うための非正統的な手引書（An Unorthodox Guide to Doing the Right Thing)」であり、正しいと思うことを実践するための有益な戦術を集めたものである。では、正統的なガイドは何かというと、先に挙げたヒーロー型モデルといえるだろう。

本書では静かなリーダーシップを際立たせるために、ヒーロー型モデルを対置しているが、ヒーロー型モデルを否定しているわけではない。先に挙げたような変革を主導する偉大なリーダーを評価しつつも、そうしたリーダーシップがしばしばピラミッドの最上位からの観点であることが多いのに対し、ピラミッドの下層で正しいと思われることを目立たず実践している人たちもリーダーシップを発揮していることに光を当てるために両者を対比的に扱っている。

また、ヒーロー型モデルと静かなリーダーシップは必ずしも対極というわけではなく、ヒーロー型モデルの典型ともいえるエイブラハム・リンカンもときに静かなリーダーシップに該当するような行動をとっていたことも紹介されている。逆に、静かなリーダーが特定の局面ではヒーロー型モデルに当てはまるような行動をとることもあるだろう。その意味では、本書と同時に、コッター『リーダーシップ論』のような正統的なガイドも学ぶことは、リーダーシップの発揮に資するところがあると思われる。

Joseph L. Badaracco Jr., *Leading Quietly: An Unorthodox Guide to Doing the Right Thing*, Harvard Business School Press, 2002.
『静かなリーダーシップ』高木晴夫監修、夏里尚子訳、翔泳社、二〇〇二年。

23　ロザベス・カンター『企業のなかの男と女』
――紅一点はなぜつらいのか

（原著刊行　一九七七年）

†女性活躍推進の現状

近年、女性活躍推進が旗印に掲げられることが多い。たとえば、政府は東京証券取引所プライム市場に上場する企業に対して、二〇三〇年までに女性役員比率を三〇パーセント以上に引き上げることを求めている。

もっともその目標の達成は厳しいと言わざるを得ない。二〇二三年七月時点で東証プライム上場企業の女性役員比率は一三・四パーセントであり（人数比）、「女性役員がゼロ」という企業の比率はまだ一〇パーセントを超えている（一〇・九パーセント）。また、一三・四パーセントを占めている女性役員の八七・〇パーセントが社外役員である。

もちろん、女性の役員や管理職の比率だけから、女性が活躍しているかどうかを判断できるわけではない。しかし、女性活躍に本気で取り組むのであれば、女性が役員や管理職などで一定の比率を占めるようにすべきという主張には理論的根拠があり、その主要なものが本書で提示されたトークニズムである。

†状況が人を規定する

本書の執筆者であるロザベス・モス・カンターは、一九七〇年代に数年間にわたって、アメリカの巨大多国籍企業の「インダスコ社」(仮称)に外部コンサルタントとして関わっていた。そうした関与によって可能となった同社内での参与観察や濃密な調査をもとに、管理職は男性、事務職は女性といったホワイトカラーにおける性別役割分業が堅持されている状態を、カンターは社会学的な視点から分析した。なお、原著では含まれていたエスノグラフィー(民族誌的調査)にあたる記述が、邦訳では一部カットされている。

性別役割分業がなぜ生じるのかについてはさまざまな考えがありうるが、カンターは構造を重視する社会学的な視点を採用している。その見方によれば、置かれている状況に人の行動や態度は大きく規定されるのであり、同じ状況に置かれれば男性も女性も同じ行動や態度をとるとされる。いいかえれば、女性を高い役職に就ける際に任命者である男性がしばしば言及するような「女性ならではの感性や共感力」といった男女間における本質的な違いによって性別役割分業が生じているとは考えない。

このような視点は本書の原題にも反映されている。原題は、"Men and Women of the Corporation"であるが、カンターは後年受けたインタビューのなかで"in the Corporation"ではなく"of the Corporation"としたことには意味があると語っている。カンターは、"of the Corporation"とは会社の創造物であるという意味であり、男性も女性も、その行動が企業の構造（システム）によって作り出されているということを含意していると述べている。

†機会と権力

本書では人々の行動や態度に影響を及ぼす構造を、機会、権力、数という三つの視点から分析している。このなかでも特に注目されるのは数であり、それが冒頭に挙げたトークニズムと密接に関わるが、まずは機会、権力について簡単に触れておくことにしたい。

機会とは個人のキャリア発達の機会であり、より具体的には昇進につながる異動の機会である。いわゆるメンバーシップ型雇用で定期異動も多い日本企業とは異なり、ジョブ型雇用のもとではまったく異動がないことも珍しくない。インダスコ社では、管理職に昇進するためにさまざまな職種を経験することが望ましいとされているが、多くの女性は、秘書や特定領域の事務職などに配置され、異動の機会が少ない。その結果として、異動の機会がある男性と比べて、仕事に前向きに取り組む姿勢が見られないようになる。

次に、権力は資源を動員できる力のことであり、公式な役職のみならず非公式な関係（上位職からの引き立て、同僚とのネットワーク）からも生じる。権力の基盤が弱いことによって管理者として無能化してしまうことが、女性管理職に対する固定観念として挙げられる「細かいことにこだわりすぎる」、「上司であることを誇示する」傾向を導く可能性が指摘されている。

†数とトークニズム

訳書のなかでも用いられているが、「紅一点」という言葉がある。この言葉は、数とトークニズムの関係を一言で表現している。紅一点は、もともと漢詩に由来する表現であるが、当初の意味は「多くのもののなかで、ただ一つ異彩を放つもの」というものだった。しかし、今日では「多くの男性のなかにただ一人いる女性」のことを指す用語として用いられることが多い。

紅一点の状態に置かれた女性は、しばしば女性全体を象徴しているとみなされる。それがトークンである。トークンという言葉は、近年ではコンピュータやプログラミングの分野でもよく使われる用語であり多様な意味をもつが、象徴という意味や名ばかりのものといった意味がもともとある。本書ではそのような用法で使われている。紅一点の女性が、自身のもつ専門知識や興味と関係なく女性を代表する意見を求められたりするのは、まさにトークンとして扱われている例である。また、紅一点には女性らしさといったステレオタイプが当てはめられがちである。

一方、紅一点であるトークンと対置される圧倒的多数の男性の集団は、本書ではドミナントと称される。ドミナントとは、「支配力をもつ」、「優勢な」といった意味をもつ。男性のみで構成される均質集団に紅一点が加わることで、ドミナントである男性は自分たちの共通点を改めて意識し、トークンである女性との違いに敏感になる。

紅一点の当初の意味のように、男性のなかで女性が一人だと否応なく目立ち、絶えず注目の的になることは、しばしばプレッシャーとして働く。その結果、トークンとなった女性は、ドミナントの反感を買わないように慎重かつ目立たないようにふるまおうとすることが少なくない。

ドミナントである男性たちは露骨に女性の足を引っ張ることはしないとしても、自分たちの慣習や男性らしい行動様式に対する忠誠心を示すことをトークンに求めたりする一方で、非公式なネットワークからトークンを除外したりする。こうしたことは、近年ではオールド・ボーイズ・ネットワーク（おやじネットワーク）といった言葉で表現されるようになってきたが、そうしたネットワークにアクセスできないことは、トークンの権力基盤を弱める。

こうしたさまざまなメカニズムやプロセスを通じて、トークンである女性が無力化してしまうことを防ぐために「変わらねばならないのは人ではなく組織」（本書、二八八ページ）であるとカンターは主張し、構造レベル、とりわけ数の問題に介入する方法としてアファーマティブ・アクションの採用を挙げている。

†日本企業のこれまでとこれから

筆者（高尾）が本書を読みながら何度も思い出したのは、九〇年代初頭に働いていたある日本企業だった。すでに男女雇用機会均等法が施行されて五年以上経っていたが、入社の同期である約一〇〇名の大卒文系新卒総合職入社で女性は一名だけだった（彼女も三年以内に退職してしまった）。私の身近にいる東京本社の大多数の女性は一般職でほとんど異動がなく、機会や権力がほとんどない「女の子」という扱いがなされていた。

私が、本書の「インダスコ社」のような状況を目にしていた一九九三年に、カンターは本書の第二版を発行し、「一九九〇年代からの視点」という長文の後書きを追加している。

出版から約一五年を経て（原著初版の出版は一九七七年）、米国企業がグローバル経済における競争に巻き込まれるなかで、企業における職務やキャリアに大きな影響を与える六つの変化が生じ、性別役割分業をめぐる状況が変わりつつあると述べられている。

それらの変化とは、「肥大型からリーン（やせ）型に——職員配置の新方針」、「垂直型から水平型へ——新しい組織」、「均質性から多様性へ——新しい労働力」、「地位と指令権から高度の専門性と人間関係へ——新しい権力の源」、「会社からプロジェクトへ——新しい忠誠心」、「組織的な資本から名声という資本へ——新しいキャリアにおける資本」というものである。

こうした変化の波は、二〇二〇年代の日本企業にも押し寄せている。それによって、仕事における男女の役割が今後どのように変わりうるかを構造的な視点から検討するために、本書はまだまだ参照される価値がある。

Rosabeth M. Kanter, *Men and Women of the Corporation*, Basic Books, 1977.
『企業のなかの男と女——女性が増えれば職場が変わる』高井葉子訳、生産性出版、一九九五年（一九九三年刊行の原著第二版の邦訳）。

第6章

現実への適用

組織論は社会科学のなかでも特に実務と近い分野であり、その知見をどのように組織の現場に当てはめ、そこに活かしうるのかがしばしば問われる。ここでは、あえて日本の研究者たちによる著作のみを取り上げた。

戸部他『失敗の本質』は第二次世界大戦における日本軍を一つの組織と捉え、戦争の行く末を左右した六つの作戦における失敗をもとに、その失敗の本質を追求したものである。服部泰宏『組織行動論の考え方・使い方』は、米国などでも問題とされている研究と実践のギャップを少しでも縮めることを意図して執筆されたものである。組織論の主要領域の一つである組織行動論の俯瞰図を示しつつ、そうしたギャップの解消に関する提案を行っている。

あらゆる組織が対応を迫られた二〇二〇年からのコロナ禍の真っ只中に執筆されたのが清水剛『感染症と経営』である。約一世紀前のスペイン風邪などに対する企業の対応事例などを取り上げ、歴史を顧みることを通じて（企業）組織の本質にアプローチしている。

24　戸部良一他『失敗の本質』

――日本の組織は生まれ変わったか

（原著刊行　一九八四年）

†戦史が苦手でも

本書の刊行は今から四〇年以上前の一九八四年だが、現在でも折に触れては言及されるロングセラーになっている。本書から生まれた「失敗の本質」というフレーズは人口に膾炙《かいしゃ》し、『〇〇の失敗の本質』といった書籍も多く生み出されている。累計で九〇万部を超えている本書が、組織論に基づいた日本の書籍のなかでも実務界に大きなインパクトを与えた一冊であることは衆目の一致するところである。

本書の主要部分は三章構成になっている。一章「失敗の事例研究」では日本軍の六つの失敗事例が分析されており、最も多くの紙幅が割かれている。それらの事例を総合した分析が二章「失敗の本質――戦略・組織における日本軍の失敗の分析」である。最後の三章

「失敗の教訓――日本軍の失敗の本質と今日的課題」では、分析結果を理論的に考察し、さらに失敗の教訓が活かされているかどうかについても触れられている。

事例研究である一章では、ノモンハン事件、ミッドウェー海戦、ガダルカナル作戦、インパール作戦、レイテ海戦、沖縄戦という六つの失敗事例が取り上げられている。いずれも、大東亜戦争（本書にならって、この呼称を用いている）におけるターニングポイントである。

戦史に関心がある方は一章から順に詳しく読まれるとよいのだが、筆者（高尾）自身がそうであるように戦史の事例分析を読むのが苦手だったり、つらく感じる方のために、一章の戦史の事例の通読を避けつつ、本書の理論的エッセンスにアプローチするやり方を紹介することにしたい。

極論をいえば、一章の事例研究を読まなくとも、二章から読めば何が日本軍の失敗の本質であったかについての本書の基本的主張が把握できる。もちろんそのような読まれ方がなされるのは著者らとしては本意ではないだろうが、他方でそのように読めるように工夫して執筆されているようにも思われる。

また、二章の分析から読み始めて、詳しい事例を知りたくなって一章に立ち戻るという読み方もありうるだろう。六つの事例から特定のものだけ丁寧に読むことだけでも、二章以降の理解が深まる。

時が経つとともに、筆者（高尾）のように一章を読むのがつらい人が次第に増えたのだろう。本書を解説する書籍が最近になっても刊行されている（同書の執筆者が関わっているものもある）。そうしたもののなかで一章の内容をコンパクトに紹介しているものを参照してみるのもよいかもしれない。

表24-1　日本軍の戦略上の失敗要因

①あいまいな戦略目的
②短期決戦の戦略志向
③主観的で「帰納的」な戦略策定－空気の支配
④狭くて進化のない戦略オプション
⑤アンバランスな戦闘技術体系

†失敗の分析

改めて本書のすべてのページを繰ってみて、一章が六名の著者の心血が注がれた部分であることを実感したものの、先に紹介したショートカットのように、二章以降を紹介することにしたい。

二章では、戦略上の失敗要因と組織上の失敗要因に分けて米軍と対比しながら分析がなされている。まず、戦略上の失敗要因は表24-1にある五つに整理されている。

たとえば、「あいまいな戦略目的」については、ミッドウェー作戦においてはミッドウェー島攻略と米艦隊撃滅が含まれるという目的の二重性が見られ、それが実際の海戦における判断にも反映されたことが指摘されている。

本書を参照しながら「空気の支配」が語られることが少なくないが、ここでいう「空気」については、山本七平の著作がおそらく最初に指摘したものであり、本書でも参照されている。空気の支配と表裏一体であるが、科学的思考が定着せず、概念の創造や操作化に長けた者がいなかったことにも注目する必要があるだろう。

次に組織上の失敗要因については、表24-2のような四点が挙げられている。

表24-2　日本軍の組織上の失敗要因

①人的ネットワーク偏重の組織構造
②属人的な組織の統合
③学習を軽視した組織
④プロセスや動機を重視した評価

軍隊の場合には、その規模や性質から階層や権限が明確に規定された官僚制組織が採用される（官僚制についてはウェーバーの項（⇒5）を参照）。日本軍も公式的には官僚制組織を採用していたものの、人的ネットワークの偏重によって個人の下剋上的な突出が許容されていたことがその特異性として挙げられている。

学習の軽視については、正面からの一斉突撃という日露戦争以来の戦法がガダルカナル島で功を奏さなかったにもかかわらず何度も繰り返し行われ、その後も同じ戦法に固執し続けたという例を挙げるだけで十分だろう。

容易に想像されるように、戦略上および組織上の失敗要因は相互に絡み合っている。たとえば、あいまいな戦略目的は、短期決戦志向やアンバランスな戦闘技術と関連しており、プロセスや動機を重視した評価とも関わる。また、人的ネットワーク偏重の組織構造が、主観的な戦略策定にも影響を及ぼしていたと考えられる。

†失敗の本質としての過剰適応

二章のタイトルは「失敗の本質」とされているが、理論的な見地からの失敗の本質は、「失敗の教訓」と題された三章で語られている。三章では、二章で挙げたような失敗要因をなぜ日本軍が持つに至ったか、またそれらを環境の変化に対応して変革できなかったかを、日本軍の環境適応の失敗と捉えた議論がなされている。

そこでは、環境／戦略／資源／組織構造／管理システム／組織行動／組織学習という七つの概念で構成される分析枠組みを用いつつ、「日本軍は環境に適応しすぎて失敗した」という逆説的なテーゼが示されている。

日清戦争・日露戦争という成功体験によって、陸軍においては白兵銃剣《はくへい》主義、海軍においては大艦巨砲主義および艦隊決戦主義という戦略原型（パラダイム）が確立され、その原型に沿った資源蓄積や管理システムが構築されるとともに、その原型が組織文化として定着した。緒戦の快進撃はそれらが機能していたことによる。

しかし、米軍が組織学習を続けたことなどによって環境が変化し、かつての成功から学習した戦略原型が有効性を失ったにもかかわらず、日本軍はそうした原型から脱却するという学習棄却ができなかった。すなわち、そうした過剰適応に陥り自己革新できなかったことこそが、理論的な見地から見た失敗の本質といえる。

†日本企業への警鐘

本書の最後の数ページでは、日本の企業組織が取り上げられている。本書執筆時である八〇年代前半は、日本企業がまさに「ジャパン・アズ・ナンバーワン」を謳歌していた頃である（エズラ・F・ボーゲルによる『ジャパン アズ ナンバーワン』の出版は一九七九年）。

日本の企業組織は、日本軍の持っていた組織的特質を、ある程度まで創造的破壊の形で継承したと評価されているが、明確な戦略概念に乏しい、公式的な組織的統合が得意ではない、といったように、日本軍の組織的特質を引き継いでいるところが見いだせることも示唆されている。

そのうえで、「われわれの得意とする体験的学習だけからでは予測のつかない環境の構造的変化が起こりつつある今日、これまでの成長期にうまく適応してきた戦略と組織の変革が求められているのである。とくに、異質性や異端の排除とむすびついた発想や行動の均質性という日本企業の持つ特質が、逆機能化する可能性すらある」と警鐘を鳴らし、「日本的企業組織も、新たな環境変化に対応するために、自己革新能力を創造できるかどうかが問われているのである」との一文で締めくくられている。

八〇年代後半のバブル経済、さらにバブル崩壊からの「失われた三〇年」を経て、本書刊行からすでに四〇年以上経っている。四〇年というのは、一章の事例研究で取り上げられた六つの作戦での失敗がまさに生じた頃から本書刊行までの期間に相当する。日本企業は四〇年前の成功から本当に脱却できたのだろうか。八〇年前の大きな失敗の分析に基づいた四〇年前の警鐘に、まだまだ耳を傾ける必要があるように思われる。

戸部良一・寺本義也・鎌田伸一・杉之尾孝生・村井友秀・野中郁次郎『失敗の本質――日本軍の組織論的研究』ダイヤモンド社、一九八四年（中公文庫、一九九一年）。

25　服部泰宏『組織行動論の考え方・使い方』
――研究と実践の実りある関係に向けて

（原著刊行　二〇二〇年）

†組織論は役に立つのか

この『組織論の名著30』を、実務の役に立つのではないかと思って手に取った読者は少なくないと思われる。その一方で、「組織論は役に立つのか？　またどう役に立つのか？」という問いかけが研究者に投げかけられることも少なくない。本書『組織行動論の考え方・使い方』は、組織論の主要領域の一つである組織行動論を対象に、実務と研究の関係をめぐるそうした問いに真摯に向かい合っている。

組織行動論とは、組織のなかの個人や集団の行動・態度を研究する領域である。組織論をミクロ組織論とマクロ組織論に分けることもあるが、その場合のミクロ組織論に該当する。組織行動論の古典的かつ代表的トピックはモチベーションやリーダーシップだが、研究の進展とともにさまざまな新しい概念が提唱され、研究の範囲も拡大している。ちなみに、それと対置されるマクロ組織論の主要トピックとしては、第3章の組織の構造に関する議論（⇒9〜11）や、第4章で取り上げた組織文化や制度をめぐる議論（⇒14、16）などが挙げられる。

組織（行動）論のような社会科学の応用領域に対して、社会に役立つ成果を出すことへの期待は年々高まっており、多くの良心的な組織（行動）論研究者も、社会に貢献する研究をしたいという思いを持っている。それでは、研究者が生み出す研究成果が本当に社会に役立つものになっているかというと、ことはそう簡単ではない。

なぜなら、組織行動論のような応用領域においても、研究はアカデミックな知識の生産システムのなかで評価されるという側面があるためである。そこでの評価基準では科学的な厳密さが大きなウェイトを占めており、その傾向はますます高まっている。研究の拡大とともに細分化が進行し、いわゆるタコツボ化も同時に進んでいることもあいまって、研究が社会に対して（どのように）役に立つのかという視点が置き去りになる傾向がみられる。

MBA教育が定着している米国においても、経営学研究の知見が本当に現場の意思決定に役に立っているのかに関する問題提起がなされてきた。こうした流れを踏まえ、本書は

「研究と実践のギャップ」をどう改善できるのかに取り組んでいる。本書の構成は、第1部で組織行動論を俯瞰するとともに実践知と科学知に関する基本的な捉え方について触れ、第2部で組織行動論の主要概念およびその測定を紹介した後、最後の第3部で研究と実践のギャップに対する新しいアプローチを提示するというものになっている。

†サーチライトとしての概念

本書でも参照されているが、著名な社会学者であるタルコット・パーソンズは概念のはたらきをサーチライトにたとえている。暗闇でサーチライトを点灯すると、その光が届く範囲がくっきりと浮かび上がるように、ある概念を持つことで現実世界に対する光の当て方が変わり、現実世界の認識が変化しうることを意味している。

経営の実践の場においても、それと意識することなくさまざまな概念が生み出されている。その一方で、それらの実践の場に由来する概念とは異なる新たな概念が研究において考案され、それが実践の場で適用されることによって新たな視座から実務上の問題に取り組む可能性が拓かれる。

たとえば、研究に由来する概念で、実務界でも最近普及しつつある概念として「ジョブ・クラフティング」(⇒20)を取り上げてみよう。ジョブ・クラフティングとは従業員自身が自らの仕事のデザインを変化させることを指すが、米国の組織行動論研究者であるエイミー・レズネスキーとジェーン・ダットンによって二〇〇一年に提唱された概念である。この概念が考案される前からも、さまざまな職場で従業員が自らの意思で業務に変化を加えるということはなされていたはずだが、研究者のみならず実務家もそうした行動をうまく認識できていなかった。しかし、この概念が生み出されたことで、そうした行動に光を当て、それが仕事の意味の捉え方やワーク・エンゲイジメントといった従業員の心理状態に及ぼしている影響を検討することができるようになった。

このように、研究によって生み出された概念が持つ力に注目し、それを現実に適用する鍵としてその測定にこだわって、組織行動論の主要トピックを紹介しているのが本書の第2部「組織行動論は何をどう測るか」である。紙幅の関係から、以下では著者自身が優れた研究成果を出してきた、組織と個人の間の「心理的契約」のみを取り上げ、その概要を紹介することにしよう。

†「心理的契約」という概念が照らすもの

心理的契約とは、組織に所属する人と雇用する組織側との間の、文書化されていない約束を含む相互期待の総体のことを指す。従業員は所属組織に対して、賃金や雇用、評価や昇進、職場環境といったさまざまな事柄に対して期待している。たとえば、少し前であれば、雇用の安定性、勤続年数に応じた賃金などを組織に期待することはかなり一般的だった。

一方で、組織側も従業員に対して、さまざまな期待をしている。たとえば、正社員に対しては、賃金に見合った貢献をする、短期間で離職しない、部署の異動を受け入れるといった内容が含まれることが多かっただろう。

そうした相互的な期待のうち、一部は雇用契約書といった形で文書化されるものの、暗黙の約束の状態のものも少なくない。そうした法的な契約に限定されない部分も含めて、組織と個人間の期待を一種の契約とみなすのが、心理的契約という概念である。法的な契約が不履行になると当事者間の関係性に著しい変化が生じるように、暗黙的な期待が不履行になることによって、組織と個人の関係にも深刻な影響がもたらされる。

こうした心理的契約概念は一九六〇年代前半にはすでに提唱されていたものの、研究が一気に展開したのは九〇年代であり、それにはデニス・ルソーによる概念の再定義が関わっていた。ルソーは、「当該個人と他者（組織）との間の互恵的な交換について合意された項目や条件に関する個人の信念」と定義した。組織が個人に何らかの期待を抱いているのは確かだとしても、それを正確に把握（測定）しようとすると困難に直面する。ワンマン社長が経営する小規模な会社ならともかく、組織とはいったい誰であり、その期待を誰に聞けばよいのかについて方法論的な問題があるためである。

それに対して、組織がどんな期待をしているかについての従業員個人の知覚であれば、個々の従業員に対して適切な質問をすれば把握することができる。従業員が組織に対して何を期待しているかも同様である。こうした新たな定義に基づく測定によって、心理的契約の不履行が生じているかどうかを捉えることができるようになった。これにより、不履行が職務満足の低下や離職意思の増大などのネガティブな結果につながっていることが検証された。

当然のことながら、概念が提唱された米国と日本では、心理的契約に含まれる相互の期待は異なる部分が少なくない。また、同じ国にある同一産業の、規模も同じくらいの会社でもやはり相違点はあるだろう。そうしたそれぞれの会社における心理的契約の測定方法のガイドラインが、本書の巻末付録で紹介されている。

心理的契約という概念を知ることによって、組織への忠誠心といった概念しか持っていなかったときよりも、組織と個人の関係を多面的に捉えることができるようになる。さらにそれが測定可能なものになることで、人事制度の変更といった組織側の施策が従業員にどのような影響をもたらしうるかを、心理的契約の不履行といった側面からも検討し、それによってネガティブな結果が生じないような対策も考えることができるようになる。

†「研究と実践のギャップ」の解消に向けて

冒頭に挙げた「研究と実践のギャップ」の解消に向けた一つの方策は、本書第2部に紹介されている科学知（研究発の概念や厳密な調査に基づいた理論や、それを用いた現実の写像）を実務界に提供することである。それによって、実務家が経験や勘に基づいて紡ぎだしてきた実践知（本書の表現では「しろうと理論」）を鍛え上げることにつながれば、「研究と実践のギャップ」を埋めることに貢献するだろう。正確でありつつわかりやすく科学知を伝えていくことは、社会に役に立つために研究者が取り組むべき課題の一つと言える。

一方、組織（行動）論のような応用領域においては、実践知から研究者が学べることもたくさんある。優れた組織マネジメントを行っている経営者・管理者がもつ実践知に触れることで研究のヒントを得ることは十分起こりうるだろう。そこで本書の第3部では、実践知と科学知を「合わせ鏡」のように利用することで、研究者と実践家が相互に補完し合いながら、現実世界についてのより豊かな理解を紡ぎだすという「研究と実践のギャップ」の解消策が提案されている。

そうした相互補完を実現する具体的な機会の一つが、近年拡大しつつある共同研究である。そこで、共同研究が実践家と研究者との知的探求サイクルを共振させるために乗り越えるべき障害について、先に紹介した心理的契約の概念をはじめとした組織行動論の概念を適用しながら検討がなされている。

このように実務界に対して科学知を一方的に啓蒙するというスタンスをとるのではなく、研究者と実践者がともに「「知っている」ということについて謙虚になる」ことで、「研究と実践のギャップ」が少しずつ解消されていくのではないだろうか。

服部泰宏『組織行動論の考え方・使い方――良質のエビデンスを手にするために』有斐閣、二〇二〇年（第2版、二〇二三年）。

26　清水剛『感染症と経営』
――コロナ禍を忘れないために

（原著刊行　二〇二一年）

†新型コロナウィルスのインパクト

人は、昔のことをすぐ忘れてしまう。二〇二〇年からの新型コロナウィルスの感染拡大（パンデミック）は世界中に甚大な影響を与えた。二〇二三年五月から新型コロナウィルスが感染症法上で五類に分類され、マスクの着用も任意になるなど「コロナ以前」に戻った事柄も多いが、現時点（二〇二四年）では感染拡大期のことをすっかり忘れているという人はまだいないだろう。しかし、二〇二〇年初頭の第一波の頃に本書の副題（戦前日本企業は「死の影」といかに向き合ったか）にあるような「死の影」といった不安を覚えたことを、実感をもって思い出せる人は多くないかもしれない。

ましてや百年ちょっと前の一九一八〜一九一九年にスペイン風邪が大流行し、世界で四、〇〇〇万人から五、〇〇〇万人（日本でも約四〇万人）の人たちが亡くなったことは、歴史上の事実としても幅広く知られているとはいいがたい（ちなみに、ウェーバー（⇩5）もスペイン風邪で亡くなったそうである）。本書は、スペイン風邪や結核といった感染症などによって死を日常的に感じる、「死の影」の下にあった戦前の日本社会の企業経営の変化の検討を手がかりにして、将来の不確実性の増大という意味で共通点を見いだせる「コロナ後」の企業経営について、感染拡大が断続的に続くなかで考察したものである（本書の出版は二〇二一年五月）。

†企業と労働者の関係の変化

本書の前半（第1章〜第4章）では、主に戦前における企業とさまざまな利害関係者（労働者、消費者、株主）との関係の変化が取り上げられているが、紙幅の関係もあり、ここでは労働者との関係に注目する。

第1章では、「死の影」の下にある社会における労務管理として、（A）労働者の生活・衛生環境に積極的に投資し、人材の定着や人的資本の蓄積に結びつける方向性と、（B）そうした投資をせず、いわば労働者を使い捨てにする方向性があるとしたうえで、戦前の鐘淵紡績や倉敷紡績等の先駆的事例をもとに、次第に（B）から（A）への流れが拡大したことが述べられている。

筆者（高尾）が参加した、コロナ禍における就労者を対象とした調査研究でも、新型コロナウィルスの感染拡大に対して積極的に対応する企業の就労者のほうが、適応行動やウェルビーイングという面で望ましい状態にある傾向が見いだされた（江夏幾多郎他『コロナショックと就労』ミネルヴァ書房、二〇二一年）。これは、（A）の労働者の生活・衛生環境に企業が積極的に投資することが、企業にとっても意義があることを検証したものといえる。

正規雇用がデフォルトであるかのような、いわゆる日本型雇用を当然視していると、（A）の方向性を採用することが当たり前のように思われるかもしれないが、日本でも働き方の形態の多様化が進んでいる。そうした背景から、（B）に陥りやすい働き手と企業の関係もコロナ禍で拡大した。その典型が、コロナ禍で急速に広まったフードデリバリーでよく見られるギグワークである。ギグワークとは、雇用契約を結ばずに単発で短時間の業務を請け負う働き方であり、ギグワーカーは個人事業主である。フリーランスも、業務の期間や発注の単位が異なるものの、雇用関係にない点ではギグワークと同じである。

業務を委託する企業側は、雇用主ではないためギグワーカーやフリーランスに対する責任は小さく、彼らに投資するという考え方を持たないことが多い。コロナ禍以前からギグワークが広がっていた米国などでは、ギグワークは働き手の使い捨てであるといった議論がなされている。

†「盾」としての企業組織

後半では、労働者をはじめとする利害関係者との関係構築の前提となる企業そのものの継続性に焦点が当てられる。ここでいう企業とは、特定の個人への依存から脱却し、法人化した組織的事業体を指している。第5章では、日本においては一九二〇年代を境として、（大）企業が永続的なものと理解されるようになったことが示されている。さらに、将来の不確実性が増大する社会では、企業の永続性自体も揺らぐものの、不確実性を低減させる手段として企業の永続性が大きな意味を持ち続けることが主張されている。

コロナ禍の終わり頃に、筆者（高尾）の近所にあるベーカリーが閉店した。グルメ・ガイドブックには載らないものの、地元の人たちに愛されていた店だった。閉店の少し前に店主がコロナに罹患《りかん》し、しばらく休業するという張り紙がなされていた。その後、営業を再開したものの、二、三か月も経たずに完全に閉店してしまった。

閉店の理由を正確に把握しているわけではないが、店主のコロナ罹患が原因だったように思われる。もちろんコロナウィルス感染に限らないが、個人事業の場合には、個人に降りかかった不確実性が、事業や労働の継続に直接的な影響を及ぼす。

組織的に経営されている事業体であれば、中心人物の一人が体調不良などによって出社できないようになっても、組織に蓄積されているノウハウや知識を活用し、他のメンバーが事業を継続することができる。また、経営がしっかりした会社であれば、体調が戻った社員も仕事に復帰することができる。あるいは、一定の期間であれば有給休暇を活用するなどして、雇用の維持だけでなく、賃金についても極力減らないようにできるかもしれない。

消費者の立場から見ても、事業の担い手個人に降りかかる不確実性によって財やサービスが安定的に提供されなくなることは望ましいことではない。債権者や株主などの投資家にとっても同様だろう。このように見れば、本書の著者がいうように「組織的に経営される企業は、人々が協力して不確実性に立ち向かうための仕組みであり、その意味で人々を幸福にするための仕組み」(一四八ページ)といえる。別の言い方をすれば、企業という制度を、個人が将来の不確実性を低減するための「盾」と評価できる。

†囲い込みから関係性の自発的選択へ

もっとも、不確実性の低減手段としての企業の永続性の高まりが、企業と関係を取り結ぶ利害関係者にとって望ましいことだけをもたらすわけではない。第6章では、まず一九二〇年代前後の状況をもとに、永続性を高めた企業との関係の長期化が、労働者の企業への依存を高めることになったことを示している。それを踏まえて、第6章の章題にあるように「企業に閉じ込められないために」、労働者の移動可能性が確保されるべきだと述べられている。

さらに終章では、労働者の移動可能性の確保が、労働者側だけではなく企業の合理性保持にとっても意義があることが指摘されている。企業と利害関係者のパワーバランスが崩れ、短期的には囲い込みが企業にとって有利に見えるかもしれない。しかし、企業側がそうしたバランスの是正を図り、自発的選択ができる「ファン」として利害関係者が当該企業との関係を取り結ぶことが、当該企業にとっても望ましいと主張されていることが、とりわけ注目すべき点である。これは、企業が従業員のエンプロイアビリティ（雇用されるための能力）向上を支援しつつ、自社の魅力を高めることで従業員のリテンション（就業継続）を図るという、健全なエンプロイアビリティの議論にまさに対応している。

このように、本書は、「死の影」という魅力的な言葉を導入に用いつつ、戦前の日本社会を参照しながら、企業組織と人々の関係の本質に迫ろうとした稀有な一冊である。企業に「永続性」を見いだすのは、長寿企業が世界で最も多い日本特有の見方かもしれないが、リスクシェアリング装置であることが企業の本質であるというのは現代的な企業制度が生み出された欧米においても当てはまる考え方である。本書のように歴史から学ぶことによって、リモートワーク拡大によって脱組織化が進行するといった浅薄な考えに陥らず、「コロナ後」のこれからの社会や経営において何が重要であるかを検討する視座を得ることができる。

最後に、ここまでの紹介で削ぎ落されている文学作品の参照、経営史研究に依拠したデータやエピソードなどから、著者の溢れんばかりの教養を愉しめることも本書の大きな魅力の一つであることも付言しておきたい。

清水剛『感染症と経営――戦前日本企業は「死の影」といかに向き合ったか』中央経済社、二〇二一年。

第7章

組織の変革とイノベーション

近年の組織の直面する大きな課題は組織の変革やイノベーションの創出である。そうしたトピックについて多くの研究がなされているが、ここでは日本語の書籍として読めるものを取り上げた。

組織変革は組織学習論において取り上げられることが多く、センゲ『学習する組織』は組織学習に関する最もポピュラーな著作である。野中・竹内『知識創造企業』は、組織における知識マネジメントの重要性をいち早く見抜き、知識創造モデルを世界に先駆けて提唱した。

クリステンセン『イノベーションのジレンマ』は、イノベーション・マネジメントを論じたものだが、その背景には組織論の知見が活用されており、イノベーション創出における組織マネジメントの重要性を浮き彫りにしている。オライリー&タッシュマン『両利きの経営』は、近年話題になることが多い「両利きの経営」（新しい事業や技術の開拓＝探索と、従来の事業や技術の改善＝深耕の同時追求）を解説したものである。

27 ピーター・センゲ『学習する組織』
——システム思考を活かす

（原著刊行　一九九〇年）

†組織学習論

環境に適応して組織は変化しなければならない、といった表現は常套句になっている。そうした組織の変化を検討する組織論の主要な領域の一つが組織学習論である。

人は何かを学習してその行動や認知を変える。それと同じように、組織も学習するとすればその行動や認知を変化させるはずである。そこから逆に考えれば、組織の行動や認知の変化を学習もしくはその結果と捉えることができる。このような考えから組織の変化を扱うものとして組織学習論が立ち上がり、組織論において重要な位置を占めるようになった。組織学習という概念は第1章で取り上げたサイアート&マーチ（⇒4）までさかのぼることができるが、適用される範囲の広さゆえに多様な組織学習論が展開されている。

そうした数ある組織学習論のなかで、実務界で最も知られているものは、ピーター・センゲによるベストセラーである本書だろう。本書は学習する組織を生み出すためのディシプリン（修得しなければならない理論や手法）として「自己マスタリー」「メンタルモデル（の克服）」「共有ビジョン」「チーム学習」「システム思考」の五つを挙げ、そのなかでも五番目にあるシステム思考こそが学習する組織を現実のものにするカギになると主張されている（本書の原題は“The Fifth Discipline”である）。

†ビール・ゲーム

システム思考の重要性を体験するツールに、センゲが所属するMITが開発したビール・ゲームがある。このゲームのキットは日本語でも公開されていることから、私の大学三、四年生向けのゼミナール（演習）では二年に一回ビール・ゲームを行い、その結果の考察をレポートの題材にしている。二年に一回なのは、全員が初めてプレイするほうが面白いからである。

ビール・ゲームはビールの生産・流通を模しており、四名がプレイヤーとしてそれぞれ工場（メーカー）、一次卸、二次卸、小売業者を担当し、チーム全体の期間（五〇ターン）中に生じる総費用をできるだけ抑えることが目的になる。それぞれのプレイヤーができることは、上流のプレイヤーへの発注量の指示（工場の場合には生産指示）のみである。最終消費者がビールをどのくらい小売店で購入するかはプレイヤーには事前に明かされておらず、小売店がターンごとにその都度把握する。ゲームの目的に関わる費用は二種類ある。一つは在庫費用であり、もう一つは受注残費用（需要に対して品切れを発生させた場合の費用）であり、それぞれ毎ターン発生する。前者が一単位当たり〇・五ドル、後者が一単位当たり一・〇ドルと設定されている。

チーム全体の費用低減という目的がどの程度達成しやすいかは、最終消費者の需要変動の程度に大きく依存するが、プレイヤーには明かされていないものの、ゲーム中に一度しか需要が変動しない。一ターン目から四ターン目は毎ターン四ケース購入し、五ターン目以降は毎ターン八ケース購入する。

以上がビール・ゲームのルールの概要だが、全体の費用の低減というゲームの目的は容易に達成されるように思われたかもしれない。しかし、プレイしているとしばしば起きるのは注文したものが届かないことに焦り、一〇〇ケースを超える発注をしたり、その結果積み重なる膨大な在庫のために発注ゼロが続くといった、上記の簡単なルールや状況からは想像できない結果である。

私のゼミの学生たちの名誉のためにいうと、彼（女）らの結果はごく一般的であり、本書の第三章でも紹介されているように、優秀なビジネスパーソンたちも同じような悲惨な状況に陥る。ちなみに、このような現象は、物流管理ではブルウィップ（鞭）効果として知られている。

そこから得られる重要な教訓は、システムの構造が行動（邦訳では挙動）に大きな影響を与えているということである。そうした構造を理解できていないがゆえにさまざまな学習障害——他者に問題の責任を押し付けようとすることや、積極的に問題に対処しようとすることが後に悲惨な結果を招いたりすること——が生じる。すなわち、組織が相互依存性の高い複雑な環境において学習することで望ましい結果を得るためには、システムの構造を把握する思考を習得することがカギであり、それを実感するツールとしてビール・ゲームが考案された。

✝システム思考

システム思考は全体を見るディシプリンであり、相互関係に注目することで、ダイナミックな複雑性を理解するための枠組みとされている。

もっとも、概念ツール自体は基本的にはシンプルであり、「因果関係のループ（環）」と「遅れ」の二つにおおむね集約できる。

さまざまな変化を、X（価格）がY（販売量）に影響を与え、Y（販売量）がZ（利益）に影響を与えるといった因果関係の組み合わせとして理解することはよくなされている。そうした関係性は、しばしばX→Yといったように矢印で表現される。

　そうした関係がループ（環）になっているというのは、たとえば、販売価格を下げて販売量が増加し、利益が拡大した場合に、拡大した利益を原資としていっそうの価格低下をはかるといったように、因果関係がつながっており、もとの変数に影響を与えることを意味している。先の例だと、図27-1のように示すことができる。なお、矢印についている「S」（Same）は同一方向の変化、「O」（Opposite）は反対方向の変化を示している。そうしたループ（環）になっていると、変化が次の変化を生み出すというダイナミクスが生じる。こうした環（ループ）は、フィードバック・ループと呼ばれる。

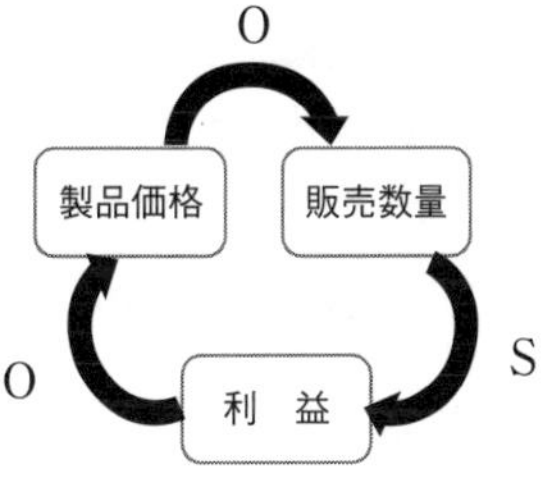

図27-1　因果関係のループ（環）の例1

　もう一つの「遅れ」は、そうした因果関係が顕在化するまでに時間がかかることがあることを意味している。例えば、販売数量の増は製品を生産する製造部門の疲弊を引き起こし、品質に負の影響を及ぼす可能性があるが、それが実際に生じたり、感知されるまでに時間がかかる（図27-2）。その結果として、

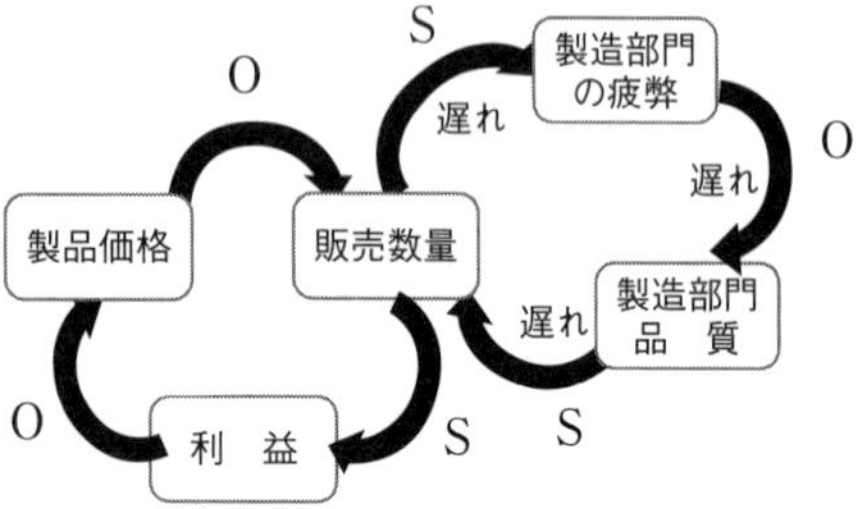

図 27-2　因果関係のループ（環）の例2

長期的に販売数量、さらには利益に及ぼすネガティブな影響を見落としてしまいがちであるように、システムの構造を正確に把握するために「遅れ」、すなわち時間差を意識することも重要であることがわかる。

　このような因果関係のループ（環）や遅れに注目すると、いくつかのパターン（システム原型）が見いだせる。本書では「成長の限界」、「問題のすり替わり」をはじめとするいくつかのパターンが示されており、それらを手がかりにして組織と環境の変化のパターンを把握できるようになれば、後述するような落とし穴に陥らずに「学習する組織」を構築する助けになる。

†他の四つのディシプリン

「システム思考」が学習する組織を実現する重要なカギだとしても、その他の四つのディシプリンも学習する組織には不可欠であり、第Ⅲ部においてそれぞれに一章ずつを割いて説明されている。

「自己マスタリー」は、「個人の学習なくして組織の学習なし」という考え方から取り上げられている。そこでは、個人のたゆまぬ学習の探求や、自己マスタリーの中心原則である、個人のもつビジョンと現実との乖離による創造的緊張が取り上げられている。

「メンタルモデル」とは、慣れ親しんだ考え方や前提となるものの見方などであり、自分自身でも意識できていないことが多い。凝り固まったメンタルモデルの大半は、システム思考と対置される線形思考であり、学習を妨げる。それゆえ、メンタルモデルを認識することが重要となるが、その手法については組織学習論の大家の一人であるクリス・アージリスによる知見の影響が色濃くみられる。

「共有ビジョン」があることで学習へのエネルギーが生まれるが、まず個人のビジョンがあり、それが結びつくことで共有ビジョンが生み出されるとされている。

「チーム学習」はその名の通りだが、主にダイアローグ（前提を保留して本当の意味で「共に考える」能力）に焦点が当てられている。

これら四つのディシプリンが組織の学習にとって重要であることは納得できる。しかし、四つのディシプリン間の関係は明確には論じられておらず、理論としての体系性は感じにくい。もっとも本書はいわゆる学術書ではないので、それはないものねだりなのかもしれない。

さらにいえば、社会や組織がシステムであるという前提と、学習する組織や問題解決に役だつシステム構造の認識が混在している、すなわち存在論的システム論と認識論的システム論とが混在しているのも、システム論をベースに組織を理論的に捉えようとする立場からすると気になるところである。

本書の新しさ

そうした欠点はあれど、それまでの組織学習論の知見とシステム思考を結びつけたことは本書の新しい視点であり、それは先に紹介した「第五のディシプリン」という原著タイトルからも見てとれる。

システム思考以外の四つのディシプリンが満たされており、組織全体として学習志向的であったとしても、逆にそれゆえに落とし穴に陥ってしまうこともある。たとえば、組織学習論でしばしば言及される「近視眼的学習」はまさにそうした現象である。それは、短期的な変化や身近な範囲の変化に囚われてしまうために、長期的には学習がネガティブな結果をもたらすことを描写する概念である。本書で提示されたシステム思考が、そうした落とし穴に陥らないための一種の処方箋として受け取られたとすれば、本書が大きなインパクトをもったこともうなずける。
もっとも、システム思考が近視眼的学習の抑制に役立つとしても、本書のみでシステム思考を体得できる人はほとんどいないだろう。本書ではさまざまな因果ループ図が紹介されているものの、どのような要素とその関係を取り上げるべきかを特定する方法は示されていない。いいかえれば、どこにシステムの構造を見いだすのかについては本書では学ぶことができず、自ら修得する必要がある。システム思考そのものの習熟には、センゲの周辺の人たちがその後出版したシステム思考のトレーニングに関する書籍などを参照するとよいだろう（ジョン・D・スターマン『システム思考——複雑な問題の解決技法』東洋経済新報社、二〇〇九年など）。

Peter M. Senge, *The Fifth Discipline: The Art & Practice of the Learning Organization*, Doubleday/Currency, 1990.
『学習する組織——システム思考で未来を創造する』枝廣淳子・小田理一郎・中小路佳代子訳、英治出版、二〇一一年（二〇〇六年刊行の原著改訂版の邦訳）。

28 野中郁次郎・竹内弘高『知識創造企業』

――知識創造のダイナミクス

（原著刊行 一九九五年）

†日本企業のイノベーション・ダイナミクス

シャインの項（⇩16）で取り上げたように、組織文化に注目が高まったのは一九八〇年代前半だったが、米国の研究者が組織文化に注目する重要なきっかけとなった背景の一つとして、七〇～八〇年代の日本企業の躍進があったといわれている。米国の企業と比較して、組織構造という観点では見るべきものがない日本企業が高業績をあげているのは組織文化が関わっているのではないかと考えられたためである。

これは日本の実務界が組織研究に間接的に影響を与えたケースだが、それに対して日本の学術界が世界の組織研究に直接的なインパクトを及ぼしたことは、残念ながらあまり多いとはいえない。しかし、いくつかの例外はあり、本項で取り上げる『知識創造企業』は最も大きなインパクトを与えたものである。

本書は英語版がまず出版され、その後邦訳が出されたが、原著の副題は"How Japanese Companies Create the Dynamics of Innovation"（いかに日本企業はイノベーションのダイナミクスを生み出したか）であった。イノベーション創出がうまくいっていないことが日本企業低迷の原因だと長らく言われ続けている現在では、この副題は意外に思えるかもしれない。しかし、本書の研究の大部分がなされた一九七〇〜八〇年代の優れた日本企業は革新的なイノベーションを生み出しており、その源泉が組織的な知識創造能力にあると本書で主張された。

知識の創造はイノベーション創出の核心ともいえる部分であり、世界に先駆けて組織の知識の創造に光を当てる重要性を提唱したことによって、本書は多くの組織研究・イノベーション研究において現在でも参照されている。

†知識創造のSECIモデル

まず、本書で展開されている知識創造モデルの核ともいえるSECIモデルを紹介する。モデル名称のSECIとは、このモデルで取り上げられる共同化（socialization）、表出化（externalization）、連結化（combination）、内面化（internalization）の頭文字を取ったもの

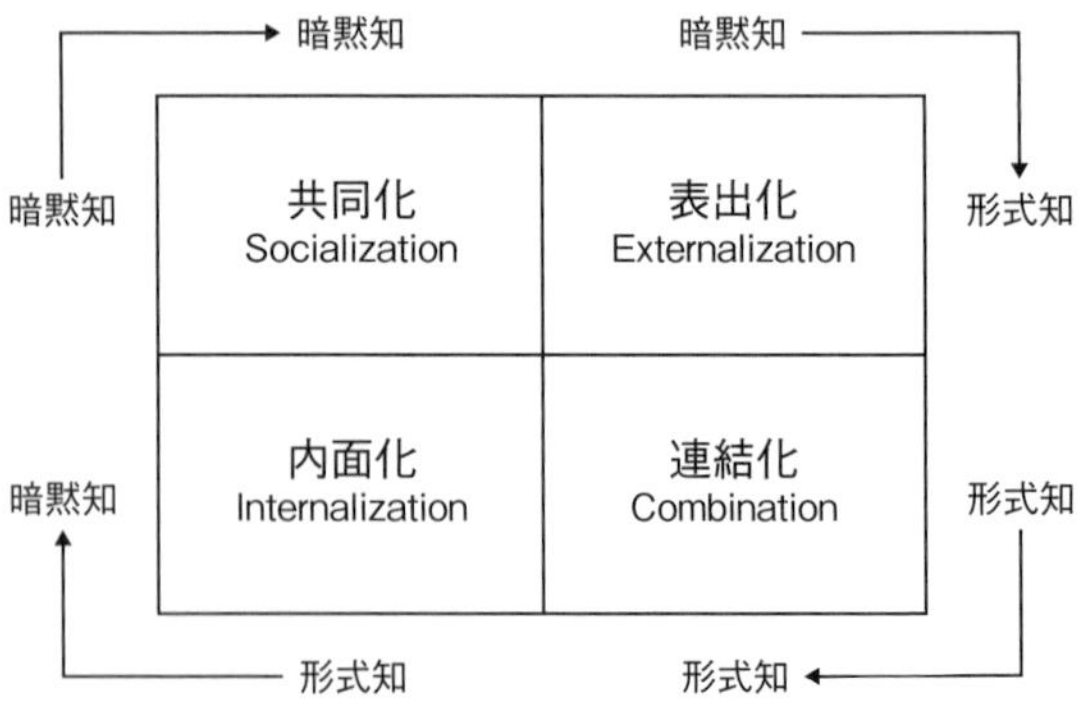

図28-1　SECIモデル（本書93ページ、図3-2より）

である（図28-1）。

SECIモデルでは、知のあり方を暗黙知と形式知にカテゴリー化し、それらの異なる知が変換されることで新たな知識が創造されるという前提を置いている。ここでいう形式知とは、何らかの形で言語化でき、客観化された知のことであり、知識に対する一般的なイメージと合致している。

一方、暗黙知とは、身体で覚えていることのような、言語化が難しい個人的な知のことを指すとされている。暗黙知という概念はハンガリー生まれの科学者・哲学者であるマイケル・ポランニーに由来するとされているものの、そこから大胆な翻案がなされており、事実上、著者らのオリジナルな概念といってよい。

SECIモデルは、形式知と暗黙知の相互転換によって知識が創出されるプロセスをモデル化した四つのモードから構成されている。まず、「共同化」とは、体験の共有などを通じて、個人に体化されている暗黙知が他者に移転されていくことを指す。修行中の弟子が、言葉によらずとも師から技能を学んでいくことなどが例として挙げられている。

第二のモードである「表出化」は、暗黙知の形式知への転換であり、知識創造プロセスの神髄とされている。暗黙知の定義として言語化が難しいとされていることからもわかるように、このモードは決して容易ではないが、メタファーやアナロジーの活用などがそのための方法として挙げられている。

第三のモードとして挙げられている「連結化」は、異なる形式知を組み合わせて新たな形式知を創造することである。最後に、「内面化」とは、共有された形式知を暗黙知へと体化するプロセスであり、行動による学習が深く関わっているとされる。

†SECIモデルの適用例――ホームベーカリーの開発

次に同書からSECIモデルの具体例を一つ取り上げることにしよう。第四章「知識創造の実例」では、松下電器（現パナソニック）における「ホームベーカリー」の開発をめぐる知識創造スパイラルが三つのサイクルに分けて説明されているが、そのなかでもとりわけ印象的な第二のサイクルを取り上げる。

第一のサイクルで、既存の技術を組み合わせてつくられたプロトタイプでは、「イージーリッチ」という製品コンセプトを満たせなかった。そこで、ソフトウェアの開発担当者が熟練パン職人にしばらく弟子入りし（「共同化」）、パン生地の練りという難しく、言語化されていないノウハウを機械に落とし込むべく、その動きを「ひねり伸ばし」という言葉で説明した（「表出化」）。エンジニアたちとの協働・試行錯誤をし、容器の内側に特殊なうねを付けるなどして、そのコンセプトを製品仕様に落とし込み、「イージーリッチ」という製品コンセプトを満たせるプロトタイプができあがった（「連結化」）。それによって、プロジェクトは商品化に向けた第三のサイクルに移行した。さらに、こうしたホームベーカリーの開発の成功は、同社の企業レベルでの知識創造プロセスへと展開された。

著者らは、ホームベーカリーの事例にみられたような、個人やグループレベルの暗黙知の動員がSECIモデルの知識変換モードを通じて組織的に増幅されていく「知識スパイラル」こそが組織的知識創造であると主張し、そのプロセスの理念型として、①暗黙知の共有→②コンセプトの創造→③コンセプトの正当化→④原型（アーキタイプ）の構築→⑤知識の転移というファイブフェイズ・モデルを提示している。

†社会における暗黙知への過剰な反応

本書は英語圏、さらには日本でもベストセラーになり、暗黙知という言葉は、今では経営学や組織論を学んだことのない一般のビジネスパーソンも使う言葉になっている。著者らの研究のみが暗黙知概念の普及の原因ではないにせよ、本書がその普及に大きく関わったことは間違いない。

しかし、そうした暗黙知概念の普及が、知識創造スパイラルの重要性を主張した著者らの意図にそぐわない形で、日本企業のイノベーション創出の幅を制約してしまったということはなかっただろうか。

日本企業には豊富な暗黙知があり、それを表出化して活用することでイノベーション創出や成果の改善が実現できるという考え方は、著者らの主張の一部のみを切り取ったものではあるものの、それ自体が間違っているというわけではない。しかし、そうした暗黙知の表出化に焦点が当たりすぎたことによって、製造業を中心とした日本企業の改善型イノベーションが過大に正当化され、暗黙知とは対極的な科学的知識の活用や、そうした知識を外部から取り込むことに消極的になったということもあったのではないかと、筆者（高尾）は思わなくはない。

本書が出版された一九九五年は、日本における（商用利用）インターネット元年とされる。インターネットの普及が企業の知識マネジメントに及ぼした影響はきわめて大きいが、

SECIモデルに関連づけるならば、インターネットは組織外に存在する「形式知」へのアクセスを著しく容易なものとした。それによって知の「連結化」が容易となり、そのポテンシャルが大幅に高まったと考えられる。いわゆるオープン・イノベーションの追求はそうした流れとも対応しているが、日本企業の多くはいまだにオープン・イノベーションの機会をうまく活用できていないと言われている。

暗黙知に過剰に注目することで、日本企業が組織学習論でいうところの「成功の罠」（⇒30）に陥ったというのは筆者（高尾）の推測であり、ある意味では本書の社会的インパクトの過大評価ともいえる。しかし、新たな概念や枠組みが、その提唱者の意図から外れた形で社会に取り入れられることはしばしばあり、これもそうした事例の一つとみなせるかもしれない。

†本書から汲み取れるもの

本書が組織論にもたらした影響という意味では、冒頭に挙げたように知識創造の重要性を先駆的に示したこと、さらに暗黙知と形式知の転換であるSECIモデルを示したことがまず挙げられるが、本書から汲み取れるものはそれらにとどまらない。

本書で紹介されている新製品開発におけるラグビーアプローチは、開発の前段階が完了してから次の段階が開始されるリレーアプローチと対置されるものだが、この考え方に触発されて、ソフトウェア開発の新しい手法（「スクラム」）が生み出されている。また、先に紹介したファイブフェイズ・モデルにおいて原型（アーキタイプ）の構築が挙げられているが、これは昨今のデザイン思考におけるプロトタイピング（具体的に形にする）に対応するものである。デザイン思考と関連づけながらファイブフェイズ・モデルを参照することで、製品開発プロセスに適用可能な示唆が得られるだろう。

また、知識創造のマネジメントスタイルとして、本書ではトップダウンでもボトムアップでもない「ミドル・アップダウン・マネジメント」が提唱されていた。ミドルがトップの提示するビジョンと現場をよく知る第一線社員との戦略的「結節点」の役割を果たすべきであるという主張は、経営環境の変化が大きく変化するようになった今こそ顧みられる必要があるだろう。このように本書は、SECIモデル以外にも今日の状況に適用できるものを多く汲み取ることができる、実り豊かな一冊である。

Ikujiro Nonaka and Hirotaka Takeuchi, *The Knowledge-Creating Company: How Japanese Companies Create the Dynamics of Innovation*, Oxford University Press, 1995.
『知識創造企業』梅本勝博訳、東洋経済新報社、一九九六年（新装版、二〇二〇年）。

29 クレイトン・クリステンセン『イノベーションのジレンマ』

――ジレンマをもたらす組織的メカニズム

（原著刊行 一九九七年）

誰のどういったジレンマか

経営学に詳しい読者であれば、イノベーションといえばジレンマという言葉がすぐに想起されるほど、本書のタイトルは実務界・学術界を問わず広く知られている。しかし、どういうジレンマなのかと問われるとすぐに答えられない方も少なくないのではないだろうか。

その一つの原因は、邦訳タイトルにある。原著のタイトルは"Innovator's Dilemma"（イノベーターのジレンマ）であり、ここでいうイノベーターとは、優れた経営を実践してきた既存の大企業が想定されている。より精確には、現在の主要顧客の声に耳を傾け、顧客が求めるいっそう高品質の製品・サービスを提供しようと技術革新に積極的に投資をしている企業である。

そうしたイノベーターが、これまでのような既存顧客を大事にする経営を続けていると、このあと説明するような破壊的技術に対応できず、既存顧客を失ってしまう。かといって、既存顧客を軽視するかのような経営方針に転換すると、当然のごとく既存顧客を失ってしまう、というのがイノベーターのジレンマである。

†イノベーターのジレンマとその前提

イノベーターの直面するジレンマがどんなものかを簡単に紹介したが、次になぜそうしたジレンマが生じるのかを見ていくことにしよう。

まず、現在の顧客が求める、さらに高品質の製品・サービスを提供するための技術革新は、持続的技術（持続的イノベーション）と呼ばれる。ここでいう持続的イノベーションとは、いわゆる「改善」のようなインクリメンタル（漸進的）・イノベーションに限定されず、技術的には飛躍の大きいラディカル（急進的）・イノベーションも含まれる。現在の有力顧客を大事にする優良企業はそうした持続的イノベーションに重点的に投資を行い、それによって当該製品・サービス市場、さらには株式市場で評価される。

だが、時として、破壊的技術（破壊的イノベーション）が現れる。これは短期的には製

表29-1　イノベーターのジレンマ発生に関する5つの原則

①「技術の供給は市場の需要と等しいとはかぎらない」
②「存在しない市場は分析できない」
③「小規模な市場では大企業の成長ニーズを解決できない」
④「企業は顧客と投資家に資源を依存している」
⑤「組織の能力は無能力の決定的要因になる」

品の性能を引き下げる。そのため、破壊的技術を利用した製品は、最初は主流から外れた少数の顧客だけに評価される。

しかし、技術の進歩が顧客ニーズの向上よりも早い場合には、持続的技術が大半の顧客のニーズを超えてしまい、過剰品質になる。一方、破壊的技術が進歩することによって競争力を持ち、持続的技術に投資してきた優良企業の競争優位性が失われることになる。これが、優良企業が既存顧客を失うという失敗につながるプロセスである。

本書では、著者であるクリステンセンが詳細な事例研究を行ったハードディスク・ドライブ産業をはじめとして、掘削機や鉄鋼、オートバイ、ディスカウント・ストアなど、さまざまな業界でこうした失敗が生じた事例が挙げられている。そうした失敗が生じた背景について、クリステンセンは五つの原則としてまとめている（表29-1、ただし説明の流れに沿って順序を入れ替えている）。

まず、先にも挙げたように①「技術の供給は市場の需要と等しいとはかぎらない」ことである。この原則から、持続的技術が過剰品質に陥る可能性がある一方で、破壊的技術が競争力をもつようになることが導かれる。

もっとも、①を前提にするとしても、既存の大企業は、その豊富な経営資源を活かして、既存顧客向けの持続的技術への投資とともに破壊的技術にも投資すればよいと考えられるかもしれない。しかし、合理的な経営を行っているからこそ、既存の優良企業は、破壊的技術へ投資をすることが難しい。

まず、②「存在しない市場は分析できない」ため、合理的な投資決定を行っている優良企業では投資の対象になりにくい。また、破壊的技術によって新しい市場が立ち上がりつつあるとしても、③「小規模な市場では大企業の成長ニーズを解決できない」ことから、投資が見送られることもある。

さらに、④「企業は顧客と投資家に資源を依存している」ため、既存の主要顧客向けのニーズに応えようとして持続的技術に重点的に投資する。そうした投資は投資家の期待にも適うものである。なお、最後の原則である⑤「組織の能力は無能力の決定的要因になる」については、後ほど説明する。

†なぜ「組織論」の名著なのか

このように、本書は、イノベーション論、とりわけ技術と市場の適合を重要な問題として扱っており、その意味では組織論ではない。しかし、（既存）顧客の声に真摯に耳を傾け、投資家の期待に沿ったリターンを得られるような技術投資を行うという、健全な経営を行う優良企業が破壊的技術に対応できないことを説明するロジックの基礎には、組織論に由来する知見が用いられている。その意味で、組織論の名著なのである。

先に挙げた五つの原則のうち④「企業は顧客と投資家に資源を依存している」は、組織と環境の関係を扱う資源依存理論（⇒11）がその裏づけとなっている。

資源依存理論では、さまざまなステークホルダーとの交換関係によって得られる資源がなければ組織は存続できないため、そうしたステークホルダーに程度の差はあれ依存していることに焦点を当て、依存関係とそこから生じるパワー関係に注目する。

企業組織において、既存の主要顧客は大きな収入源として重要なステークホルダーと位置づけられる。そうした顧客とのパワー関係は、自社が提供している製品・サービスが顧客にとってどの程度重要なものであるか、また、顧客側が他に有力な購入先を持っているか、などによって変化する。もっとも、利益の源泉という意味で既存の主要顧客にかなり依存していることは少なくないだろう。

近年では、日本でもコーポレートガバナンス改革が進み、株主の意向をしっかり踏まえた経営を志向するようになっているが、もう少し前の状況でも、メインバンクなどの債権者も含めて考えれば企業が投資家に資源を依存していることは容易に想像できる。技術投資をはじめとする企業の投資決定には、そうしたパワーをもつ主要顧客や主たる投資家の意向が直接的／間接的に影響を及ぼしている。

⑤「組織の能力は無能力の決定的要因になる」という原則には、組織論や戦略論を横断して議論されてきた組織能力論が色濃く反映されている。クリステンセンによれば、組織能力には、経営資源（インプット）を組み合わせて価値（アウトプット）を生み出すプロセスと、組織の価値基準が反映される。そうしたプロセスや価値基準は、これまで重視してきた既存顧客や持続的技術に適合するように構築されているがゆえに、状況が変わっても急に変えることは難しい。その結果、大きな状況変化に直面するとこれまでの能力が無能力となってしまう。こうした考え方には、企業に競争力をもたらす「コア能力」と、それにしがみつく「コア硬直性」は表裏一体であるという、レオナルド＝バートンの議論の影響を見てとることができる。

また、③「小規模な市場では大企業の成長ニーズを解決できない」や、②「存在しない市場は分析できない」という原則は、組織論の観点から見れば、いっそうの成長を志向した合理的な投資プロセスやマーケティング調査が組織のなかでルーティンとして確立されていることを前提にしていると解釈できる。本書で、資源依存理論やコア硬直性、組織ルーティンといった概念が直接的に参照されることは少ないものの、組織論の知見の蓄積があってこそイノベーターのジレンマが提唱されたのは明らかである。

†出版後の評価

ハードディスク・ドライブ産業の事例分析で得た洞察を他の産業にも広げた「イノベーターのジレンマ」論は、そのストーリー性も相まって、実務界・学術界に大きなインパクトを与え、今日に至るまで高く評価されている。一般書のレベルでは「イノベーターのジレンマ」論に対する批判を見かけることは少ないが、学術界では、破壊的技術をどのように定義するのかといった問題点の指摘や、破壊的技術が成功を収めた都合の良いケースだけを取り上げているのではないかといった批判がなされている。

また、クリステンセンがイノベーターのジレンマの解決法として提示した、破壊的技術になりうるものを新設した独立性の高い組織で扱うという提案についても、最近注目されている両利きの議論（⇒30）のなかでは否定的に捉えられている。

もっとも、多くの日本企業は、本書から得られる教訓を踏まえて変革を推進することを真摯に検討する必要があるように思われる。クリステンセンが日本語版に寄せた序文で述べているように、かつての日本企業の驚異的な成長は、本文の中で言及されているホンダのスーパーカブの事例のように破壊的技術によるものであった。さらに、その指摘に続いてクリステンセンが示唆しているように、それによって地位を確立した日本企業は、いまだにイノベーターのジレンマに直面して立ち往生しているようにも思われるからである。

クリステンセンは本書刊行（原著は一九九七年出版）以降も「イノベーターのジレンマ」論の改訂や拡張を続け、その成果は書籍としても発信されている。先に挙げたような日本の大企業の現状を踏まえると、本書、さらにはその後の彼の著作から汲み取れることはまだまだありそうである。

Clayton M. Christensen, *The Innovator's Dilemma: When New Technologies Cause Great Firms to Fail*, Harvard Business Review Press, 1997.

『イノベーションのジレンマ——技術革新が巨大企業を滅ぼすとき』伊豆原弓訳、翔泳社、二〇〇〇年（増補改訂版、二〇〇一年）。

30 チャールズ・オライリー&マイケル・タッシュマン『両利きの経営』

——探索と深耕の両立

（原著刊行 二〇一六年）

†イノベーターのジレンマを超えて

本書『両利きの経営』の原題は、“Lead and Disrupt: How to Solve the Innovator's Dilemma”である。副題に含まれている Innovator's Dilemma とは、日本ではイノベーションのジレンマと訳されているが、クレイトン・M・クリステンセンが提唱した概念である（⇒29）。著者の一人であるマイケル・L・タッシュマンとクリステンセンはハーバード・ビジネススクールの同僚であり、その解決策を提唱するというタイトルを掲げていることは、二人の関係性を知らない筆者（高尾）には刺激的に感じられる。

副題の意味を理解するために、イノベーターのジレンマについて簡単に振り返っておく必要がある。イノベーターのジレンマとは、優良企業が既存優良顧客の意見に耳を傾け、持続的イノベーションに重点的に投資することが、破壊的イノベーションへの対応を妨げ、その結果として長期的にはそうした顧客を失う結果につながるという現象である。

クリステンセンは、イノベーターのジレンマを克服する方法としてスピンアウトを挙げた。破壊的イノベーションに取り組もうとする新規部門を持続的イノベーションに取り組む既存部門から距離を取れるように切り離せば、新規部門が既存部門から干渉されて潰されることを防げると考えたためである。

それに対して、『両利きの経営』の冒頭において、スピンアウトではイノベーターのジレンマを克服するためには不十分であり、両利きこそが解決策であると述べられている。

それでは、解決策とされた両利きとはどのようなものだろうか。

†両利きとは

現在の両利きのアイデアは、第2章や第3章で登場したジェームズ・G・マーチが約三〇年前に提示した「探索」と「深耕」という概念に由来している。これらは、組織学習(⇒4、27)の類型である。

マーチによれば、探索(exploration)とは、発見、新奇性、実験、リスクテイク、遊び、セレンディピティなどと関わるものとされている。言い換えれば、リスクを取りながら、既存の知識や技術に囚われず新しいやりかたを追求する活動が探索である。

それと対置される深耕（exploitation, 深化や活用と訳されることもある）は、既存のアイデアや考え方に基づいて、これまでやってきたことを改善・改良したり、洗練を図ることである。日本企業のお家芸とされてきたいわゆる「改善」は、その典型といえる。

両利きとは、一言でいえば探索と深耕をどちらもうまくやることである。タッシュマンやオライリーなどの研究グループは、変化の激しい現在において両利きが企業の長期的発展にとって不可欠であると、二〇年以上前から主張してきた。

実は、両利き（組織）という用語自体は一九七〇年代に既に提案されていた。両利きという用語と上述の探索・深耕概念を結びつけるという研究上の新結合（イノベーション）によって、両利きという概念が組織研究の世界で発展し、さらには産業界に広まった。

†両利きの経営

このように両利きの考え方自体は簡潔に説明できるものの、その実践が容易でないことは想像に難くない。探索と深耕という概念を論じたマーチも、両者のバランスをとるのが難しいことを、抽象的なレベルであるが指摘していた。

探索の言い換えにリスクテイクが含まれているように、探索は不確実性が高く、たいていは失敗する。一方、深耕はこれまでの枠組みの延長線上にある活動であり、望ましい結果を導きやすい。多くの組織は短期的な業績をあげることに対するプレッシャーを強く受けており、結果がすぐに出る活動を重視するため、深耕が優先され、探索がなされなくなる。マーチは、こうした「成功の罠」による深耕の重視を、探索と深耕のバランスをとることが難しい理由の一つに挙げていた。

したがって、両利きの経営には、こうした「成功の罠」を乗り越える方策が求められる。その方策の一つとして一般的に挙げられるのは、深耕を担う部門と探索を担う部門を分離して設置することである。これは組織構造の工夫によって両利きを追求する方法であるため、「構造的両利き」と呼ばれる。

しかし、組織構造のみの工夫だけならば、クリステンセンのスピンアウトと変わらない。イノベーターのジレンマの議論と同様、深耕を担っており収益をあげている既存事業部門から、探索を追求している新規事業部門に対する干渉によって、新規事業部門がスポイルされることを避けるために、こうした構造上の分離はもちろん意味がある。しかし、そうした構造的な分離だけでは、競争力のある成熟部門が生み出した資金を成長分野に投資するというPPM（製品ポートフォリオマネジメント）の発想の延長線上にとどまっているといえる。

現代の経営環境では、財務的資源は重要でありつつも、知識や技術といった情報的資源、さらにはそれらを統合的に活かす組織能力の重要性が非常に高まっている。したがって、既存事業部門のもつ資源や能力を巧みに活用しなければ、新規事業部門が厳しい競争を勝ち抜いて成長軌道に乗ることはおぼつかない。それゆえ、両利きの経営においては、探索部門と深耕部門を構造的に分離して探索活動を保護しつつ、同時にその成長のために深耕部門の資源や能力を活用するという微妙なマネジメントが求められる。

『両利きの経営』には、そうした微妙なマネジメントの実践例が豊富に含まれている。そのなかで唯一登場する日本企業が富士フイルムである。デジタル化の進展によってライバルであるコダックが低迷していくなか、富士フイルムは写真フィルムで培った技術や組織能力を分析・再定義して、化粧品や医薬品、医療機器などの新領域を開拓していったことが紹介されている。

富士フイルムが、デジタル化によって業界の前提条件が大きく変化するなかで、それを乗り越える戦略的刷新を実現した数少ない企業の一つであったように、両利きを目指しつつもそれに失敗する企業は少なくない。同書では、成功事例のみならず、失敗事例も多く取り上げられている。たとえば、失敗事例として、SAP（ドイツのソフトウェア大手）による中堅企業向けの新しいビジネスモデル（SaaS）の開拓が紹介されている。

†両利きの難しさと普遍性

探索と深耕を分離しつつも、探索部門が成長軌道に乗るように、深耕を行っている既存部門の経営資源や能力を活かすのは至難の業である。研究者でありつつコンサルタント経験も多く積んでいるタッシュマンやオライリーは、探索と深耕の両立という両利きの追求では緊張や矛盾が絶えず生じることをよく知っている。

そこで彼らが両利きの経営の要諦として挙げるのが、探索と深耕の両方を正当化する戦略的意図を明確に打ち出すことと、探索部門、深耕部門にまたがる共通のアイデンティティをもたらすビジョン、価値観、文化を構築することである。著者の一人であるチャールズ・A・オライリーは、タッシュマンと両利き組織の研究を始めるまでは組織文化や従業員の組織に対するコミットメントなどの研究を精力的に行っており、そのことがこうした主張に影響を与えていると思われる。そうした統合の要として経営者が発揮すべき「両利きのリーダーシップ」の原則が本書の後半（第7章）で詳しく述べられていることが、本書の大きな特徴であり読みどころの一つである。

『両利きの経営』では、大企業での構造的な分離を前提とした両利きが取り上げられていたが、両利きの考え方の適用範囲はさらに拡大している。たとえば、グーグルなどの先端的な研究開発型企業では、エンジニアや研究開発者が、勤務時間の一定の時間の割合を通常の業務から離れた自分自身のプロジェクトに使うことを推奨する制度が採用されていることがあるが、これもある種の両利きといえる。もっとも、このように個々の組織成員が両利きを行うことが実効性をもつためには、探索と深耕の両方を正当化する組織的文脈を醸成する必要があり、こうした方策に着目した「文脈的両利き」という考え方も提示されている。

さらに、エンジニアや研究開発者に限らず、幅広い従業員がそれぞれの活動において両利きを行う重要性も指摘されるようになっている。どのような変化に直面するかは従業員の役割や立場によって異なるものの、長期的に見れば深耕のみで変化に適応を図ることは難しい。したがって、探索と深耕という両利きやその実践の難しさを詳しく知る必要性は今後ますます高まっていくといえるだろう。

Charles A. O'Reilly III and Michael L. Tushman, *Lead and Disrupt: How to Solve the Innovator's Dilemma*, Stanford Business Books, 2016
『両利きの経営——「二兎を追う」戦略が未来を切り拓く』渡部典子訳、東洋経済新報社、二〇一九年（増補改訂版、二〇二二年）。

あとがき

二〇二一年一一月に本書の執筆依頼を受けた直後の冬休みに、大学研究室で組織論のたくさんの著作を一斉に並べ、どれを三〇冊に入れるか検討した時間はとても楽しいひときだった。そのときには、少し前（二〇一九年）に組織論の教科書（『はじめての経営組織論』有斐閣）を単著で執筆した際の仕込みがあるので、選定しさえすればさほど苦労せず筆が進むと高を括っていた。しかし、いざ執筆を始めると己の浅学菲才を痛感させられることしきりだった。

ある程度執筆が進んでくると、執筆中に先達の組織論研究者の顔が浮かび、「なぜ〇〇を取り上げないのか」というお叱りを受けたような気がして、リストを見直したことがあった。また、ニクラス・ルーマン『公式組織の機能とその派生的問題』のように、魅力をうまく伝えるように書きあげられず、やむを得ずリストから外したこともあった。逆に、執筆中に図らずも部局長（学部長・大学院研究科長）を務めることになった経験を踏まえて、新たにリストに加えたものもある（バダラッコ『静かなリーダーシップ』）。こうした紆余曲折を経て、執筆を完了するまでに当初作成したリストから三分の一を入れ替えた。

それでも、「〇〇は入れるべきだった」、「△△の紹介は物足りない」といった厳しいご指摘やお叱りを受けることになるだろう。開き直りかもしれないが、そうした批評がなされることも組織論の知見の普及につながっていくものと期待したい。

本書は、筑摩書房田所健太郎氏のすすめで実現した。氏の的確なサポートや丁寧な編集作業に加え、執筆という最高の学びの機会をつくっていただいたことに深謝の意を表したい。

また、東京都立大学（旧名称：首都大学東京）での学部・大学院における授業経験があったからこそ本書を書きあげることができた。私の授業を受講してくれた学部学生（特にゼミ生）、大学院ビジネススクールの学生、博士後期課程の学生のみなさんに感謝したい。

二〇二四年一〇月一日　新学期が始まる日に

高尾義明

ちくま新書
1831

組織論《そしきろん》の名著《めいちょ》30

二〇二四年一二月一〇日　第一刷発行

著者　高尾義明（たかお・よしあき）

発行者　増田健史

発行所　株式会社 筑摩書房
東京都台東区蔵前二-五-三　郵便番号一一一-八七五五
電話番号〇三-五六八七-二六〇一（代表）

装幀者　間村俊一

印刷・製本　株式会社 精興社

ISBN978-4-480-07662-5 C0234

ちくま新書

1259
現代思想の名著30
仲正昌樹
近代的思考の限界を超えようとした現代思想。難解なものが多いそれらの名著を一気に30冊解説する。知っているつもりになっていたあの概念の奥深さにふれる。

1719
心理学をつくった実験30
大芦治
パヴロフの犬、エビングハウスの忘却曲線から、ミルグラムの服従実験やマシュマロテストまで。30の名実験を紹介しつつ、心理学の流れを一望する画期的入門書！

827
現代語訳 論語と算盤
渋沢栄一
守屋淳訳
資本主義の本質を見抜き、日本実業界の礎となった渋沢栄一。経営・労働・人材育成など、利潤と道徳を調和させる経営哲学には、今なすべき指針がつまっている。

766
現代語訳 学問のすすめ
福澤諭吉
齋藤孝訳
諭吉がすすめる「学問」とは？　世のために動くことで自分自身も充実する生き方を示し、激動の明治時代を導いた大ベストセラーから、今すべきことが見えてくる。

912
現代語訳 福翁自伝
福澤諭吉
齋藤孝編訳
近代日本最大の啓蒙思想家福沢諭吉の自伝を再編集&現代語訳。痛快で無類に面白いだけではない。読めば必ず、最高の人生を送るためのヒントが見つかります。

861
現代語訳 武士道
新渡戸稲造
山本博文訳・解説
日本人の精神の根底をなした武士道。その思想的な源泉はどこにあり、いかにして普遍性を獲得しえたのか？　世界的反響をよんだ名著が、清新な訳と解説でいま甦る。

877
現代語訳 論語
齋藤孝訳
学び続けることの中に人生がある。――二千五百年間、読み継がれ、多くの人々の「精神の基準」となった古典中の古典を、生き生きとした訳で現代日本人に届ける。

1806
「性格が悪い」とはどういうことか
――ダークサイドの心理学
小塩真司
あなたにもある「ダークな心」、マキャベリアニズム、サイコパシー、ナルシシズム、サディズム。特性、仕事との相性、人間関係などを心理学が分析。何が問題か？

1753
道徳的に考えるとはどういうことか
大谷弘
「正しさ」はいかにして導かれるか。非主流派倫理学の立場からプラトン、ウィトゲンシュタイン、槇原敬之らの実践を検討し、道徳的思考の内奥に迫る哲学的探究。

1779
高校生のための経済学入門【新版】
小塩隆士
全体像を一気につかむ、最強の入門書を完全アップデート！ 金融政策の変遷、世界経済を増補し、キーワード索引でより便利に。ビジネスパーソンの学び直しにも！

1791
経済学の思考軸
――効率か公平かのジレンマ
小塩隆士
経済学はどのような〝ものの考え方〟をするのか、2つの評価軸をもとに原理原則から交通整理する。市場、格差、経済成長……ソボクな誤解や疑いを解きほぐす。

002
経済学を学ぶ
岩田規久男
交換と市場、需要と供給などミクロ経済学の基本問題から財政金融政策などマクロ経済学の基礎までを、現実の経済問題に即した豊富な事例で説く明快な入門書。

701
こんなに使える経済学
――肥満から出世まで
大竹文雄編
肥満もたばこ中毒も、出世も談合も、経済学的な思考を上手に用いれば、問題解決への道筋が見えてくる！ 経済学のエッセンスが実感できる、まったく新しい入門書。

1006
高校生からの経済データ入門
吉本佳生
データの収集、蓄積、作成、分析。数字で考える「頭」は、情報技術では絶対に買えません。高校生でも、そして大人でも、分析の技法を基礎の基礎から学べます。

ちくま新書

1228
「ココロ」の経済学
――行動経済学から読み解く人間のふしぎ
依田高典
なぜ賢いはずの人間が失敗をするのか？ 自明視されてきた人間の合理性を疑い、経済学、心理学、脳科学の最新知見から、矛盾に満ちた人間のココロを解明する。

1757
実践！ クリティカル・シンキング
丹治信春
「論理的な思考力」は、推論の型を「構造図」としてとらえる訓練を積むことで身につけられる能力である。新しく、実用的なクリティカル・シンキング入門。

565
使える！ 確率的思考
小島寛之
この世は半歩先さえ不確かだ。上手に生きるには、可能性を見積もり適切な行動を選択する力が欠かせない。確率のテクニックを駆使して賢く判断する思考法を伝授！

1404
論理的思考のコアスキル
波頭亮
ホンモノの論理的思考力を確実に習得するための決定版！ 必須のスキル「適切な言語化」「分ける・繋げる」「定量的判断」と、その具体的トレーニング方法を指南する。

1092
戦略思考ワークブック【ビジネス篇】
三谷宏治
Suica自販機はなぜ1・5倍も売れるのか？ 1着25万円のスーツをどう売るか？ 20の演習で、明日から使える戦略思考が身につくビジネスパーソン必読の一冊。

1826
リサーチ・クエスチョンとは何か？
佐藤郁哉
「問い」は立てるだけで完結しない！ 調査し分析する過程で、問いは磨かれ、育ち、よりよい問いへと変化を遂げるものだ。それを可能にするメソッドを解説する。

1551
問いの立て方
宮野公樹
テーマ、課題、目標と大小問わず「問い」には様々な形がある。では、どの問いにも通用するその考え方とはなにか？ その見つけ方・磨き方とあわせて解説する。

ちくま新書

1751
問いを問う
――哲学入門講義
入不二基義
哲学とは、問いの意味そのものを問いなおし、自ら視点の転換をくり返す思考の技法だ。四つの根本的問題を素材に、自分の頭で深く、粘り強く考えるやり方を示す。

225
知識経営のすすめ
――ナレッジマネジメントとその時代
野中郁次郎
紺野登
日本企業が競争力をつけたのは年功制や終身雇用の賜物のみならず、組織的知識創造を行ってきたからである。知識創造能力を再検討し、日本的経営の未来を探る。

396
組織戦略の考え方
――企業経営の健全性のために
沼上幹
組織を腐らせてしまわぬため、主体的に思考し実践しよう！　組織設計の基本から腐敗への対処法まで「これウチの会社！」と誰もが嘆くケース満載の組織戦略入門。

619
経営戦略を問いなおす
三品和広
戦略と戦術を混同する企業が少なくない。見せかけの「戦略」は企業を危うくする。現実のデータと事例を数多く紹介し、腹の底からわかる「実践的戦略」を伝授する。

1413
日本経営哲学史
――特殊性と普遍性の統合
林廣茂
中世から近代まで日本経営哲学の展開をたどり、渋澤栄一、松下幸之助、本田宗一郎ら20世紀の代表的経営者の思想を探究。日本再生への方策を考察する経営哲学全史。

1615
戦略思想史入門
――孫子からリデルハートまで
西田陽一
六人の戦略家――孫子（孫武）、マキャベリ、ジョミニ、クラウゼヴィッツ、マハン、リデルハートの思想を解説。古代から現代までの、戦略思想の流れがわかる入門書。

1457
「失敗の本質」と戦略思想
――孫子・クラウゼヴィッツで読み解く日本軍の敗因
西田陽一
杉之尾宜生
名著『失敗の本質』に採り上げられた例も含め、日本陸海軍の戦いを『孫子』とクラウゼヴィッツ『戦争論』により再検討。日本人に欠ける戦略思考の活性化を図る。

ちくま新書

1647
会計と経営の七〇〇年史
——五つの発明による興奮と狂乱
田中靖浩
簿記、株式会社、証券取引所、利益計算、情報公開。今やビジネスに欠かせない仕組みが誕生した瞬間を、見てきたように語ります。世界初、会計講談！

1819
金利を考える
翁邦雄
住宅ローン金利はどうなるか。なぜ低金利が円安を招くのか。株価暴落はなぜ、どのように起きるのか。金融政策の第一人者が根本から解き明かす。

1368
生産性とは何か
——日本経済の活力を問いなおす
宮川努
停滞にあえぐ日本経済の再生には、生産性向上が必要だ。誤解されがちな「生産性」概念を経済学の観点から捉えなおし、その向上策を詳細なデータと共に論じる。

1526
統計で考える働き方の未来
坂本貴志
労働の実態、高齢化や格差など日本社会の現状、賃金や社会保障制度の変遷などを多くの統計をもとに分析し、そこから未来を予測。高齢者の働き方を考える。

1130
40代からのお金の教科書
栗本大介
子どもの教育費、住宅ローン、介護費用、老後の準備、相続トラブル。取り返しのつかないハメに陥らないために、「これだけは知っておきたいお金の話」を解説。

831
現代の金融入門【新版】
池尾和人
情報とは何か。信用はいかに創り出されるのか。金融の本質に鋭く切り込みつつ、平明かつ簡潔に解説した定評ある入門書。金融危機の経験を総括した全面改訂版。

1535
ヴェーバー入門
——理解社会学の射程
中野敏男
他者の行為の動機を理解し、そこから人間や社会を考える。これがヴェーバー思想の核心だ。主要著作を丹念に読み解き、一貫した論理を導き出す画期的入門書。